Mbizo Chirasha

UHURU

GEDICHTE · POEMS

AUS DEM SÜDLICHEN AFRIKA

STONYBROOK EDITIONS

Mbizo Chirasha, *Uhuru. Gedichte / Poems: Aus dem südlichen Afrika.*
Bilingual Edition - Zweisprachige Ausgabe. Hrsg. von Karen Wittstock.
Mit einem Nachwort von Lisa Lombardi. Ins Deutsche übersetzt von
Andreas Weiland.
Stonybrooks Editions, 2022.
© 2022 Mbizo Chirasha

Herstellung undVerlag:
BoD-Books on Demand Norderstedt
ISBN 9783756859955

*Dedicated to the povo
of Africa*

SAMBISA'S COUSINS

Boende, you sold your morning sun for a cup of tea

Darfur, I see red ants coming for you in the wake of another dawn

Bujumbura, you lost your salt in gossip

Sambisa, pungent smell of home-brewed war, permeating the nostrils of Africa

We are children of Chiboko burning in the charcoal of war.

When Ebola sneezes, Bissau catches a cold,

When the sun sits over hills of home, I see triplets – Ebola, xenophobia

and Sambisa sharing half-smoked cigars after a ritual bath in Tugela,

Pongolo and Mfolozi bleeding xenophobia,

Limpopo crocodiles smelling roasted flesh,

Soweto smoking Imboza

After another Marikina,

Ghost of Biko eating beetroot in the drama of rainbow revolutions

When the sun filters its orange into this red earth   I see twin

brothers Renamo and Frelimo laughing out loud to baboons

   dangling in

Gorongosa trees

I see children sniffing Face book and colonial dope.

Darfur, drowning in the din of rattling drums and blood dollars, their

children eating Wiki leaks for breakfast and Twitter mojo for supper

oiling the revolutionary engines through song and dance

Burning candles from both ends.

Nodding to the wind of drums and beat of the gun, drunk with wind and sound

Sing Darfur

Sing to the freedom babies eating twitter berries and face book figs.

Forgetting their fingers in Google forests. Licking wounds after burning in cultural monoxide and moral dioxide

Bastards starved of ideological oxygen

Black monkeys learning about trees from sparrows

Khayelitsha, Armageddon of kwaito and booze

Enugu drunk with palm wine in the red hills of Manobe

Sankara and his ghost breakfasting Communism in Upper-Volta

Harare wincing from punches of media witches

You need holy water to wash your armpits

Last night Congo drank Ebola from White Nile

Copper-pregnant earth of Congo, carrying the wind of want   Heart beating

like Djembe, monkeys sneezing flu to equatorial birds

Anopheles defecated malaria in Cabinda

We are the children of Sabalele.

Sharing our DNA with Hani and Biko, Whose ghosts walk in the fake bling –

   bling of rainbow freedom,

Freedom still born!!

Eating carrot and beetroot in Mpumalanga - the land of sun.

Rains of death are beating the land into madness

Madness breeding slums

SAMBISAS NEFFEN

Boende, du verkauftest deine Morgensonne für ne Tasse Tee

Dafur, ich seh rote Ameisen, die dich holen kommen, noch vor Anbruch des

   Morgens

Bujumbura, du hast dein Salz verloren im Tratsch

Sambisa, stechender Geruch von hausgemachtem Krieg,

   dringt in die Nasenlöcher von Afrika

Wir sind Kinder von Chiboko, brennen in Holzkohle des Kriegs; wenn Ebola

   niest, erkältet sich Bissau,

Während die Sonne sitzt über Hügeln der Heimat, seh ich Drillinge, Ebola,

   Xenophobia

und Sambisa sich halbgerauchte Zigarren teilen nach 'em rituellen Bad in Tugela

Pongolo und Mfolozi bluten von Xenophobie

Limpopo-Krokodile riechen geröstetes Fleisch

Soweto raucht Imboza

nach 'em anderen Marikina

Der Geist von Biko ißt Rotebeete im Drama der Regenbogen-Revolutionen

Wenn die Sonne ihr Orange hinein in diese rote Erde filtert, seh ich Zwillings-

Brüder, Renamo und Frelimo laut Pavianen zulachen, die baumeln in

Gorongosa-Bäumen

Ich sehe Kinder, die Face Book und kolonialen Stoff schnüffeln.

Darfur, das ertrinkt im Lärm von rasselnden Trommeln und Blutdollars, ihre

Kinder essen Wiki Leaks zum Frühstück und Twitter Mojo zum Abendessen,

ölen die revolutionären Motoren durch Gesang und durch Tanz

setzen Kerzen in Brand an beiden Enden

nicken im Wind der Trommeln und im Takt der Kanonen, trunken vom Wind

und Sound

Sing Darfur

Sing für die Freiheitsbabys, die Twitter-Beeren essen und Face Book Feigen.

Während sie ihre Finger in Google-Wäldern vergessen. Wunden lecken nach

dem Brennen im Kultur-Monoxid und Moral-Dioxid

Bastarde, die Hunger leiden an ideologischem Sauerstoff

Schwarze Affen lernen von Spatzen was über Bäume

Khayelitsha, Armageddon, von Kwaito und Schnaps

Enugu, betrunken vom Palmwein in den roten Hügeln von Manobe

Sankara und sein Geist verfrühstücken den Kommunismus in Obervolta

Harare zuckt zusammen unter Schlägen von Medienhexen

Ihr braucht Weihwasser, um eure Achselhöhlen zu waschen

Letzte Nacht trank der Kongo Ebola aus dem Weißen Nil

Kupferschwangere Erde des Kongo, sie trägt den Wind des Mangels   das

   Herz klopft

wie Djembe, Affen niesen den Äquator-Vögeln Grippe zu

Die Anopheles-Mücke scheißt Malaria in Cabinda

Wir sind die Kinder von Sabalele.

Wir teilen unsere DNA mit Hani und Biko, deren Geister wandeln im falschen

   Bling - dem Bling der Regenbogenfreiheit,

Freiheit die erst noch geboren wird!!

Wir essen Karotten und Rotebeete essen in Mpumalanga – dem Land der

   Sonne.

Regen des Todes peitscht das Land in den Wahnsinn

Wahnsinn gebiert Slums

DICTATORS' DOEKS

Grandma's sweat bathes the statehouse tarmacs,

Poverty shaved fathers are the glitter that replaced floodlights and stolen

   lampposts

Brother is the anointed fisherman catching political breams for the presidential

   roast

Ideological tutored memes sing praise anthems …....patronized

Singing praises to the republic's red-carpet …...they never stepped on.

Protocol relegates them to the ragged edges of the republic,

Mother's tears rinse dishes after daily dictator's banquets,

August is a museum of spent cartridge that shat death on sister's womb,

   …………….she birthed death.

Sister and her bullet-shredded fetus are now

snoring sorrow under the rubble of elections cemetery.

January swallowed its conscience and munched grenade for dinner

November drizzled both waterfalls of blood and threads of hesitant

laughters..........Nights of long knives ....

November drizzle birthed another tyrant.

November! November! You are dictator.

Autocrat's robes immersed in blood gems of Katanga.

The African moon

archived that in RED CAPITAL LETTERS.

Hermits and slogan slingers donning dictator's emblazoned doeks,

jabbing the corrupt foul wind with pseudo–revolutionary jives dancing

for the gwamandaizing, glutton, gobbling globetrotting gold cartels trendsetter.

Kitchen cabinet frying small fish in autocratic pans and then enjoy

the delicacies during dictator's concert under the guise of shadows..........ooh

crocodile games. Grandma snores under the hill of villages

packed like sardine until next ballot quadratics.

March, foot prints of dictators are scribbled all over the republic's

red carpet. April, autocrats' fingerprints are the signature of

diamond cartels. May, tyrant's thumbprint decorates the ragged banknote.

June, lyrics on your doek are his campaign slogan.

Still grandma's sweat bathes the statehouse tarmacs.

Mother's tears rinse dishes after daily dictator's banquets,

DIKTATOREN-DOEKS*

Omas Schweiß wäscht den Boden des Regierungsgebäudes,

Armutrasierte Väter sind das Glitzern, das Flutlicht ersetzt und geklaute

    Laternenpfähle

Der Bruder ist der gesalbte Fischer, der politische Brachsen fängt als

    Präsidentenbraten

Ideologisch geschulte Meme singen Lobeshymnen .... behandelt von oben herab

Singen Lobgesänge auf dem roten Teppich der Republik.....den sie nie betraten

Das Protokoll verbannt sie an die zerklüfteten Ränder der Republik,

Mutters Tränen spüln das Geschirr nach des Diktators täglichen Banketten,

Der August ist ein Museum für verbrauchte Patronen, die den Tod auf den Leib

    der Schwester geschissen haben, ...sie gebar Tod.

Die Schwester und ihr von Kugeln zerfetzter Fötus sind jetzt schnarchende Trauer unter den Trümmern des Wahl-Friedhofs.

Der Januar verschluckte sein Gewissen und mampfte Granaten zum

Abendessen

Der November tröpfelte Wasserfälle von Blut und Fäden verhaltnen Gelächters

.... Nächte langer Messer ....

November-Nieselregen gebar nen weiteren Tyrannen.

November! November! Du bist Diktator.

Der Autokraten Gewänder, eingetaucht in Blutedelsteine Katangas.

Der afrikanische Mond

archivierte das in ROTEN GROSSBUCHSTABEN.

Hermiten und Sloganschleuderer tragen die verzierten Doeks des Diktators,

piksen den korrupten, üblen Wind mit pseudorevolutionären Jive-Tänzen

für den gwamandasierenden, unersättlichen, weltumspannenden Goldkartell-

Trendsetter.

Das Küchen-Kabinett brät kleine Fische in autokratischen Pfannen und

genießt dann

die Delikatessen während des Diktators Konzert im Dunkel von Schatten

..........ooh Krokodilspiele. Großmutter schnarcht unterm Hügel der Dörfer

eingepackt wie ne Sardine bis zur nächsten Wahl-Quadratur.

Ach, März, überall sind Fußabdrücke von Diktatoren gekritzelt

über alle roten Teppiche der Republik. O April, Fingerabdrücke von Autokraten

sind die Unterschrift von

Diamantenkartellen. Ach Mai, der Daumenabdruck des Tyrannen ziert den

abgegriffenen Geldschein.

Juni, die Songtexte auf deinem Doek sind sein Wahlkampfslogan.

Noch immer wäscht Großmutters Schweiß den Boden des

Regierungsgebäudes.

Mutters Tränen spülen das Geschirr nach des Diktators täglichen Banketten.

PRESIDENTIAL GRIOT

Sometimes memories smell like a dictator's fart

We once jived to our own shadows under the silver moon and our shadows

danced along with us, we rhymed to the nightmares of hyenas and

hallucinations of black owls. Our desires sailed along with gowns of

fog back and forth at village dawns. Wood smoke smelt like fresh baked

bread. Time bewitched us, we ate William Shakespeare and John Donne.

We drank lemon jugs of Langston Hughes and Maya Angelou.

Soyinka's lyrical whisky wrecked our tender nerves.

We bedded politics with boyish demeanour and dreamt of the black

cockerels and black Hitlers

Sometimes time is stubborn like a sitting tyrant

Last night, commissars chanted a slogan and you baked a dictator's poetry sanguage. Zealots sang Castro and Stalin and you brewed a

socialist crank, the president is a stinking capitalist. I never said

he is Satanist. Back to village nights, hyenas are laughing still,

black owls gossiping, silver moon dancing still over rain beaten paths

of our country dawns.

Sometimes time stinks like a dictator's fart

Your lyrical satire sneaked imbeciles through back doors. Your praise

sonnets recycled suicidal devils and polished revolutionary rejects

Back then, smells of fresh dung and scent of fresh udder milk were our

morning brew and under the twilight the moon once disappeared into the

earthly womb, Judas, the sun then took over and every dictator is an Iscariot.

I never said we are now vagabonds

Sometimes time smells like a dying autocrat

Mwedzi wagara ndira uyo tigo tigo ndira – the moon was once sour milk silver white and fresh from the Gods' mouth and sat on its

presidential throne on the zenith of bald headed hills and later with

time the moon was ripe to go mwedzi waora ndira tigo tigo ndira

Sometimes wind gusts whistled their tenor through elephant grass

pastures, we sang along the obedient flora Chamupupuri icho…oo

chamupupuri chaenda chamupupuri chadzoka

Chamupupuri icho...oo!

Our poverty marinated, yellow maize teeth grinned to sudden glows of

lightening, the earth gyrated under the grip of thunder, then Gods

wept and we drank teardrops with a song mvura ngainaye tidye makavu,

mvura ngainaye tidye makavu .. Pumpkins bred like rabbits, veldts

strutted in Christmas gowns. Wild bees and green bombers sang protest

and praise. I never said we are children of drought relief.

Sometimes time grows old like a sitting tyrant,

Tonight the echo of your praise poetry irks the anopheles stranded in

tired city gutters to swig the bitter blood of ghetto dwellers, gutter

citizens eking hard survival from hard earth of a hard country, their

rough hands marked with scars of the August Armageddon, their sandy

hearts are rigged ballot boxes stuffed with corruption, they waited

and sang for so long.

Chamupupuri icho…oo chamupupuri chaenda

chamupupuri icho…oo chamupupuri chadzoka

Chamupupuri icho..oo

PRÄSIDENTENGRIOT

Manchmal stinken Erinnerungen wie eines Diktators Furz

Wir jive-tanzten einst zu unseren eigenen Schatten unter dem silbernen Mond

   und unsere Schatten

tanzten mit uns, wir reimten uns auf die Alpträume der Hyänen und

Halluzinationen schwarzer Eulen.Unsere Wünsche segelten mit Gewändern des

Nebels hin & her in der Dorfdämmerung. Holzrauch roch wie frisch gebacknes

Brot. Die Zeit verzauberte uns, wir aßen William Shakespeare und John Donne.

Wir tranken Zitronenkrüge von Langston Hughes und Maya Angelou.

Soyinkas lyrischer Whisky zerstörte unsre zarte Nerven.

Wir betteten Politik mit jungenhafter Haltung und träumten von schwarzen

Hähnchen und schwarzen Hitlers

Manchmal ist die Zeit stur wie ein Tyrann an der Macht

Letzte Nacht haben Kommissare einen Slogan gesungen und ihr backtet eines

Diktators

poetischen Blut-Sandwich. Eiferer sangen Castro und Stalin & ihr brautet euch'n

sozialistischen Spinner. Der Präsident ist 'n stinkender Kapitalist. Ich habe nie

gesagt

er sei Satanist. Zurück zu Dorfnächten, lachen Hyänen noch immer,

schwarze Eulen quatschen, der silberne Mond tanzt noch immer über

regengepeitschten Pfaden

unseres Landes Morgendämmerung.

Manchmal stinkt die Zeit wie eines Diktators Furz

Eure lyrische Satire hat Schwachköpfe durch Hintertüren geschmuggelt. Eure

Lobessonette recycelten suizidaleTeufel und polierten revolutionären

Ausschuss auf

Damals waren die Gerüche von frischem Mist und der Duft von frischer

Eutermilch unser

Morgengebräu und im Zwielicht verschwand damals der Mond in dem

irdischen Schoß, Judas, die Sonne, übernahm dann und jeder Diktator ist ein

Ischariot.

Ich habe nie gesagt, dass wir jetzt Vagabunden sind

Manchmal riecht die Zeit wie ein sterbender Autokrat

Mwedzi wagara ndira uyo tigo tigo ndira – der Mond war einst saure Milch

silberweiß und frisch aus dem Mund der Götter und saß auf seinem

Präsidententhron auf dem Zenit kahlköpfiger Hügel und später, mit der

Zeit, war der Mond reif zu gehn, mwedzi waora ndira tigo tigo ndira

Manchmal pfiffen Windböen ihren Tenor durch Elefantengras-

weiden, wir sangen entlang der gehorsamen Flora Chamupupuri icho…oo

chamupupuri chaenda chamupupuri chadzoka

Chamupupuri icho…oo!

Unsere Armut mariniert, gelbe Maiszähne grinsten zu plötzlichem Leuchten

von Blitzen, die Erde kreiste im Griff des Donners, dann weinten Götter

und wir tranken Tränen mit einem Lied mvura ngainaye tidye makavu,

mvura ngainaye tidye makavu .. Kürbisse mehrten sich wie Kaninchen, veldts

stolzierten in Weihnachtsgewändern. Wildbienen und grüne Bomber sangen

 Protest

und Lob. Ich habe nie gesagt, dass wir Kinder der Dürrehilfe sind.

Manchmal altert die Zeit wie ein Tyrann an der Macht,

Heute Nacht verärgert das Echo eurer Lobgedichte die Anopheles-Mücken

die gestrandet sind in müden Stadtgossen, um das bittere Blut von Ghetto-

 bewohnern zu saugen, Gossen-Bürger

die ein hartes Leben der harten Erde eines harten Landes abtrotzen, ihre

rauen Hände gezeichnet von Narben des August-Armageddons, ihre sandigen

Herzen sind manipulierte Wahlurnen, vollgestopft mit Korruption, sie warteten und sangen so lange.

Chamupupuri icho…oo chamupupuri chaenda

chamupupuri icho…oo chamupupuri chadzoka

Chamupupuri icho..oo

DIMPLES OF FREEDOM

Dimples of mighty river Donga, river

Sokoto flowing honey of liberation, dripping sweetness of decades

Of freedom harvest

Taraba and Ekuku flowing with seasons coming one after another

Winters in tears and summers in blood

Dimples of freedom sing freedom

Freedom of the people, people and their song

The resonance of rhythm, rhythm of drumbeat throbbing

Tsaunin mainono, veins of tsaunin Kure, throbbing the heart of tsaunin ukuru

Rhythm throbbing under the feet of mothers and children pounding this earth

    sodden in oil and hope.

Dimples of freedom

You age with generations like baobab

The essence of villages and the resonance of tribes

Tribes singing embracing the dimples of silver moon

Singing one tune, in one tongue, sing boki mothers, rise mbumbe sisters

Sing bachere songs, dance the gavako dance

Dimples of freedom

You age with generations like banana trees

Kings of this land, I sing of you

My song of bones, shadows, stones, mist and smoke

Dimples of freedom

I sing of kings whose skin glows after the caress of coco butter

Their breath smelling the milk of coconut

I sing with Modibo of Gombe, Obong of Obioko, Olu of Warri

I sing of you Baban Lamido, Oba of Lagos

Dimples of freedom smile with Olo of the Olowo

Dimples of freedom

Smelling decades of light and stink

Enduring decades of nights and hope

Sleeping in decades of nightmares and dreams

Rivers Gobe, Ekulu and Aba, rise for freedom

Your stomachs vomiting the sun of liberation, liberation

That crocodiles and reptiles be pregnant with the sun of liberation and

The moon of freedom

Dimples of freedom

On top of Tsaunin Kuki, Tasunin Shamaimba, doves and owls hooting

And cooing the dark of nights and newness of mornings

Dimples of freedom smile to the mountains of this land

This is my poetic grapefruit to the land that breakfasted

Omelette of bitterness and beetroot of sweetness

Dimples of freedom

This is my succulent watermelon of metaphors to the land whose is heart is

Velvet and whose soul is a grain of wheat

Dimples of freedom sing with me, the song of freedom,

Sing Bello, sing Azikiwe, sing Awolowo, and sing Shehu

Song of the people, people and their song.

GRÜBCHEN DER FREIHEIT

Grübchen des mächtigen Flusses Donga, Fluss

Sokoto, fließender Honig der Befreiung, triefende Süße von Jahrzehnten

der Freiheitsernte

Taraba und Ekuku fließen mit Jahrzehnten die kommen / eines nach dem andern

Winter in Tränen und Sommer in Blut

Grübchen der Freiheit singen Freiheit

Freiheit der Leute, Leute und ihr Lied

Die Resonanz des Rhythmus, Rhythmus des Trommelschlags der pocht

Tsaunin Mainono, Adern von Tsaunin Kure, pochendes Herz von Tsaunin Uhuru

Rhythmus der pocht unter den Füßen von Müttern und Kindern: sie stampfen

   die Erde gesättigt von Öl und von Hoffnung.

Grübchen der Freiheit

Ihr altert mit Generationen wie der Baobab

Wie das Wesen von Dörfern und der Nachklang von Stämmen

Stämme singen und umarmen die Grübchen des silbernen Mondes

Singen eine Melodie, in einer Sprache, singen: *Boki-Mütter, erhebt euch,*

    Mbumbe-Schwestern

Singen Bachere-Lieder, tanzen den Gavako-Tanz

Grübchen der Freiheit

Ihr altert mit Generationen wie Bananenbäume

Könige dieses Landes, ich singe von euch

Mein Lied von Knochen, Schatten, Steinen, Nebel und Rauch

Grübchen der Freiheit

Ich singe von Königen, deren Haut glüht nach der Liebkosung von Kokosbutter

Ihr Atem, er riecht nach Kokosnussmilch

Ich singe mit Modibo von Gombe, Obong von Obioko, Olu von Warri

Ich singe von dir Baban Lamido, Oba von Lagos

Grübchen der Freiheit / lächel mit Olo der Olowo

Grübchen der Freiheit

Verströmen Jahrzehnte von Licht und Gestank

Erdulden Jahrzehnte von Nächten und Hoffnung

Schlafen in Jahrzehnten der Nachtmahre und Träume

Flüsse Gobe, Ekulu und Aba, revoltiert für die Freiheit

Eure Mägen erbrechen die Sonne der Befreiung, Befreiung

Auf dass Krokodile & Reptilien schwanger sind mit der Sonne der Befreiung und

   dem Mond der Freiheit

Grübchen der Freiheit

Oben auf dem Tsaunin Kuki, Tasunin Shamaimba, sind Tauben und Eulen am

   Schrei'n

Und gurren die Dunkelheit der Nächte und die Neuheit des Morgens

Grübchen der Freiheit lächeln den Bergen zu, dieses Lands

Dies ist meine poetische Grapefruit für das Land, das frühstückte:

Omelett von Bitterkeit und Rotebeete der Süße

Grübchen der Freiheit

Dies ist meine saftige Wassermelone von Metaphern für das Land, dessen Herz

Purpurn und dessen Seele ein Weizenkorn ist

Grübchen der Freiheit / sing mit mir, das Lied der Freiheit,

Sing Bello, singe Azikiwe, sing Awolowo und sing Shehu

Das Lied der Leute, die Leute und ihr Lied.

DIARY OF POVO

Another whistle from election fervent fathers

Another ululation from slogan drugged mothers

In Chimoio we roasted bullets like mealy cobs for breakfast

In Nyadzonia we boiled grenades like cassava for lunch meals

In Magagao we munched parcel bombs like tropical fruit

In Gorongoza, we learnt totems of war and syndromes of propaganda

Today, our ears are deaf with sediments of slogans

We are the Povo!!

TAGEBUCH DES VOLKES*

Ein weiterer Pfiff von wahlbegeisterten Vätern

Ein weiteres Geschrei von unter Drogen stehenden Slogan-Müttern

In Chimoio rösteten wir Kugeln wie Maiskolben zum Frühstück

In Nyadzonia kochten wir Granaten wie Maniok zum Mittagessen

In Magagao kauten wir Paketbomben wie Südfrüchte

In Gorongoza lernten wir Kriegstotems und Propagandasyndrome kennen

Heute sind unsere Ohren taub durch die Sedimente von Slogans

Wir sind das Volk !!

IDENTITY APPLES

iam a fat skeleton, resurrecting

from the sad memories of dada

and dark mysteries of aminism

iam Buganda

i bleed hope

i drip the honey of fortune

Makerere, think tank of Africa

i dance with you, wakimbizi dance

iam Tanganyika

i smell and fester with the smoke of African genesis

iam the beginning

Kilimanjaro the anthill of rituals

iam the smile of Africa

my glee erases the deception of sadness

my tooth blings freedom

iam myself, iam Gambia

When others seep with bullets stuck in their stomachs

i sneeze copper spoons from my mouth every dawn

iam the Colombia of Africa

iam the Cinderella of Africa

where mediums feast with the ghost of Kamuzu in Mulange trees

here spirits walk naked and free

iam the land of sensations

iam the land of reactions

coughing forex blues

squandermania

i still smell the scent of Nehanda's breath

iam African renaissance blooming

i stink the soot of Chimurenga

iam the mute laughter of Njelele hills

iam Soweto

swallowed by Kwaito and gong

iam a decade of wrong and gong

iam the blister of freedom vomited from the belly of Apartheid

i see the dawn of the coming sun in Madiba's eyebrows

iam Abuja

blast furnace of corruption

Nigeria, the Jerusalem of noblemen, priests, professors and prophets

iam Guinea, i bling with African floridization

iam blessed with many tongues

my thighs washed by river Nile

iam the mystery of pyramids

iam the graffiti of Nefertiti

i am the rich breast of Nzinga

iam Switzerland of Africa

the rhythm of Kalahari sunset

the rhyme of Sahara, yapping, yelping

iam Damara, iam Herero, iam Nama, iam Lozi, iam Vambo

iam bitterness, iam sweetness

iam Liberia

iam king Kongo

Mobutu roasted my diamonds into the stink of deep brown blisters

frying daughters in corruption microwaves

souls swallowed by the beat of Ndombolo and the wind of Rhumba iam the Paris of Africa

i see my wounds

iam rhythm of beauty

iam Congo

iam Bantu

iam Jola

iam Mandinga

i sing of you

i sing Thixo

i sing of Ogun

i sing of god

i sing of Tshaka

i sing of Jesus

i sing of children

of Garangaja and Banyamulenge

whose sun is dozing in the mist of poverty

iam the ghost of Mombasa

iam the virginity of Nyanza

iam scarlet face of Mandinga

iam cherry lips of Buganda

Come Sankara, come Wagadugu

iam Msiri of Garangadze kingdom

my heart beats under rhythm of words and dance

iam the dead in the trees blowing with wind,

i can *not* be deleted by civilization.

iam not Kaffir, iam not Khoisun

iam the sun breaking from the villages of the east with great inspiration of

   revolutions

its fingers caressing the bloom of hibiscus

Liberation!

IDENTITÄTSÄPFEL

ichbin ein fettes Skelett, das wieder aufersteht

aus traurigen Erinn'rungen an Dada

und dunklen Mysterien des Aminismus

ichbin Buganda

ich blute Hoffnung

ich tropfe den Honig des Schicksals

Makerere, Think-tank von Afrika

ich tanze mit dir den Wakimbizi Tanz

ichbin Tanganyika

ich stinke und eitre mit dem Rauch afrikanischer Genesis

ich bin der Anfang

Kilimanjaro der Ameisenhügel der Rituale

ichbin das Lächeln Afrikas

meine Freude tilgt die Täuschung der Traurigkeit

mein Zahn blingt Freiheit

ichbin ichselbst, ichbin Gambia

Wenn andere aussickern während Kugeln stecken in ihren Mägen

schneuze ich Kupferlöffel aus meinem Mund bei jedem Tagesanbruch

ich bin das Kolumbien von Afrika

Ich bin das Aschenputtel von Afrika

wo Medien schmausen mit dem Geist von Kamuzu in Mulange Bäumen

hier gehn Geister nackt und frei

ich bin das Land der Sinneseindrücke

ich bin das Land der Reaktionen

huste Forex Blaus

Verschwendungssucht

Ich rieche noch den Duft von Nehandas Atem

Ich bin Afrikanische Renaissance die blüht

Ich stinke den Ruß von Chimurenga

Ich bin das stumme Lachen von Njelele-Hügeln

Ich bin Soweto

verschluckt von Kwaito und Gong

Ich bin ein Jahrzehnt von „wrong"/falsch und gong

Ich bin Blasen der Freiheit gekotzt aus dem Bauch der Apartheid

Ich sehe den Anbruch der kommenden Sonne in Madibas Augenbrauen

Ich bin Abuja

Hochofen der Korruption

Nigeria, das Jerusalem der Edelmänner, Priester, Professoren und Propheten

Ich bin Guinea ich "bling" mit afrikanischer Floridisierung

Ich bin gesegnet mit vielen Zungen

meine Schenkel, gewaschen vom Nil

Ich bin das Geheimnis der Pyramiden

Ich bin das Graffito of Nefertiti

Ich bin die reiche Brust von Nzinga

Ich bin die Schweiz Afrikas

der Rhythmus des Kalahari-Sonnenuntergangs

der Reim der Sahara, kläffend, jaulend

Ich bin Damara, ich bin Herero, ich bin Nama, ich bin Lozi, ich bin Vambo

Ich bin Bitterkeit, ich bin Süße

Ich bin Liberia

Ich bin König Kongo

Mobutu röstete meine Diamanten im Gestank von tiefbraunen Blasen briet Töchter in Korruptions-Mikrowellen

Seelen geschluckt vom Beat des Ndombolo und dem Wind des Rhumba

Ich bin das Paris von Afrika

ich seh meine Wunden

Ich bin Rhythmus der Schönheit

Ich bin Kongo

Ich bin Bantu

Ich bin Jola

Ich bin Mandinga

ich sing von dir

ich singe Thixo

ich sing von Ogun

ich sing von Gott

ich sing von Tshaka

ich sing von Jesus

Ich sing von Kindern

von Garangaja und Banyamulenge

deren Sonne döst im Nebel der Armut

ich bin der Geist von Mombasa

ich bin die Jungfräulichkeit von Nyanza

Ich bin scharlachrotes Gesicht von Mandinga

Ich bin Kirschenlippen von Buganda

Komm Sankara, komm Wagadugu

Ich bin Msiri vom Garangadse Reich

mein Herz schlägt unterm Rhythmus von Worten und Tanz

ich bin die Toten in den Bäumen die wehen im Wind,

ich kann nicht ausgestrichen werden von Zivilisation.

ich bin nicht Kaffir, ich bin nicht Khoisun

Ich bin die Sonne die anbricht in den Dörfern des Ostens mit großer Inspiration

von Revolutionen

ihre Finger liebkosen das Blühn des Hibiskus

Befreiung!

CHILDREN OF XENOPHOBIA

Children eating bullets and firecrackers

Beggars of smile and laughter

Silent corpses sleeping away fertile dreams

Povo* chanting new nude wretched slogans

Overstayed exiles eating beetroot and African potato

Abortions and condoms batteries charging the lives of nannies and maids

Children of barefoot afternoons and un-condomized nights

Sweat chiseling the rock of your endurance

The heart of Soweto, Harare, Darfur, Bamako still beating like drums

Violence fumigating peace from this earth.

KINDER DER XENOPHOBIE

Kinder, die Kugeln und Feuerwerkskörper essen

Bettler von Lächeln und Lachen

Stille Körper die fruchtbare Träume wegschlafen

Povo* das neue nackte elende Slogans singt

Zu lang gebliebene Exilierte die Rote Beete essen und Afrikanische Kartoffeln

Abtreibungen & Kondome / Batterien die die Leben von Kinder- und

    Dienstmädchen aufladen

Kinder barfüßiger Nachmittage und kondomloser Nächte

Schweiß der den Fels deiner Ausdauer meißelt

Das Herz von Soweto, Harare, Darfur, Bamako schlägt noch wie Trommeln

Gewalt die Frieden weGräuchert von dieser Erde.

DIMPLES OF HAITI

Haiti,

Stink of sweat smelling millet slavery and the scent of blood revolutions.

Slapped in the face with sanctions mud by hands under the influence

Of imperialistic alcohol.

A super-concoction of propaganda maize porridge and

Media yeast.

Waterfalls of anger washing away your freedom dimples

Handmaidens and mental epileptic waiters serving political syphilis in ideological

cafes

Children smelling stale ideological urine and dirt diplomatic cocaine

Identities condomised with donor culture and sexual myopia

Baboons eating colors of your flag, munching apples of your freedom

Tongues kissing bottom streams of the state under the veil of democracy gospel

Haiti,

my pen is a weapon of mass instruction, I see the spreading yellow yolk of the

sun,

gently falling over the darkness of your skin, yawning off the old skin of dust,

Regaining the lost richness of your dimples.

GRÜBCHEN VON HAITI

Haiti,

Gestank von Schweiß, riechender Hirse-Sklaverei und Geruch von

Blutrevolutionen.

Ins Gesicht geschlagen mit Sanktionen-Schlamm von Händen unter Einfluß

Von imperialistischem Alkohol.

Eine Supermischung von Propaganda-Maisbrei und

Medienhefe.

Wasserfälle der Wut waschen deine Freiheitsgrübchen weg

Mägde und mental epileptische Kellner servieren politische Syphilis in

ideologischen Cafés

Kinder riechen schalen ideologischen Urin und schmutziges diplomatisches

Kokain

Identitäten kondomisiert mit Spendenkultur und sexueller Kurzsichtigkeit

Paviane fressen die Farben deiner Flagge, mampfen Äpfel deiner Freiheit

Zungen küssen Arsch-Ströme des Staats unterm Schleier des Demokratie-

Evangeliums

Haiti,

meine Feder ist eine Waffe der Masseninstruktion, ich seh das sich ausbreitende

Eigelb der Sonne

sanft über die Dunkelheit deiner Haut fallen und die alte Haut des Staubs

weggähnen,

sie erhält den verlorenen Reichtum deiner Grübchen zurück.

KALINGA-LINGA

A daughter of revolution fed on rich political nutrition

With a smile bandaging scars of the streets

and falsehood by political demons

Fingers burnt in pseudo democratic pans of West, what a political humor !

I see you smelling love through the thick dew of corruption and robots

True heroes and heroines swallowed up in the deep silence of chingwere and

uzambwera*

Leopold hill shadows faking dances to the throbbing rhythms of vumbuza drums

Kalinga-linga - your rising sun will soon spread the beauty of its fingers in the

skies of Afrika

* Chingwere and uzambwera are cemeteries of the poor

KALINGA-LINGA

Eine Tochter der Revolution, gefüttert mit reicher politischer Nahrung

Mit einem Lächeln verbindet sie Narben der Straßen

und Falschheit politischer Dämonen

Finger verbrannt in pseudodemokratischen Pfannen des Westens, welch

   politischer Humor!

Ich sehe dich Liebe riechen durch den dicken Tau von Korruption und

   Robotern

Wahre Helden und Heldinnen verschluckt in der tiefen Stille von chingwere

   und uzambwera*

Leopold-Hügel-Schatten täuschen Tänze vor zu den dröhnenden Rhythmen der

   Vumbuza Trommeln

Kalinga-linga – deine aufsteigende Sonne wird bald die Schönheit ihrer Strahlen

   verbreiten in den Himmeln Afrikas

IAM A NIGHTMARE

My breasts are dry of milk in the climate of this heat

My earth ejaculates platinum and uranium

Anuses of my rock puff pure gas and crude oil

The clay of my heart binds together the dust of my dreams

Forests of my mind sagging with coco beans and coconuts

I am tired of bullet claps and paparazzi gossip

I am a country eating peanut and bananas

I am the flower of want, whose bloom was pruned by madness, My

holy nectar was imbibed by mad drunkards

poets and prophets bring back my wildness.

ICH BIN EIN ALBTRAUM

Meine Brüste sind milchlos vertrocknet in diesem Klima der Hitze

Meine Erde ejakuliert Platin und Uran

Ärsche meines Felsens stossen reines Gas und Rohöl aus

Der Lehm meines Herzens bindet den Staub meiner Träume zusammen

Wälder meines Geistes hängen herab mit Kokosbohnen und Kokosnüssen

Ich bin der Kugelschläge überdrüssig und des Paparazzi-Klatsches

Ich bin ein Land, das Erdnüsse und Bananen isst

Ich bin die Blume des Mangels, deren Blüte vom Wahn beschnitten wurde, mein

heiliger Nektar wurde von verrückten Säufern getrunken

Dichter und Propheten bringen meine Wildheit zurück.

IAM KONGO

I am Kongo

I roast grenades for supper

Kisangani my stomach shits dysentery

I am Congo of Lumumba and Zaire Nzere of Mobutu

I see my dysentery washed by Nzere river every dawn

I am Kongo, my underfed Kasiku vomits wind

and hatred after hot nights of Salongo

I am Congo where locusts eat the nakedness of babies

and lizards urinate on sweating tired hungry rocks

My horizons ravaged by acid rain and smoke of mutilated cultures

Iam Kongo

I see Njelele's red earth carrying rituals of rain

His mother tongue burning hot in the empty wind.

I see Tonga and Kalanga licking shadows and smoke

Wild dogs lapping their tongues swallowing riddles, metaphors and dances

Jackals vomiting the flesh of apartheid for GMO generation to breakfast

ICH BIN KONGO

Ich bin Kongo

Ich röste Granaten zum Abendessen

Kisangani, mein Magen scheißt Dysenterie

Ich bin Kongo von Lumumba und Zaire Nzere von Mobutu

Ich sehe meine Dysenterie gewaschen vom Nzere-Fluss an jedem Tagesanbruch

Ich bin Kongo, mein unterernährtes Kasiku erbricht Wind

und Hass nach heißen Nächten von Salongo

Ich bin Kongo, wo Heuschrecken die Nacktheit von Babys fressen

und Eidechsen urinieren auf schwitzende, müde, hungrige Felsen

Meine Horizonte sind verwüstet vom sauren Regen und Rauch verstümmelter

   Kulturen

Ich bin Kongo

Ich sehe Njeleles rote Erde, die Regenrituale trägt

Seine Muttersprache brennt heiß in dem leeren Wind.

Ich sehe Tonga und Kalanga Schatten lecken und Rauch

Wilde Hunde lecken, ihre Zungen verschlucken Rätsel, Metaphern und Tänze

Schakale kotzen das Fleisch der Apartheid für GMO-Generation als Frühstück

I AM KONGO (II)

I sing of them children of Nyanda Nehanda,

grandchildren of Shawasha and Gumboreshumba

Grandchildren tasting omelet of freedom of Shukulu Kaunda,

Samora and Josina

Spears of metaphors falling like hot embers on the hearts of chameleons

Grandchildren of Shikulu and Samora are griots with machetes skinning off

   apartheid from the color of their mind

Griots tired of minds bleaching in apartheid coco butter.

ICH BIN KONGO (II)

Ich singe von ihnen, Kinder von Nyanda Nehanda,

Enkelkinder von Shawasha und Gumboreshumba

Enkelkinder kosten Omelett der Freiheit von Shukulu Kaunda,

Samora und Josina

Speere von Metaphern fallen wie heiße Glut auf die Herzen von Chamäleons

Enkelkinder von Shikulu und Samora sind Griots mit Macheten, die die

   Apartheid von der Farbe ihres Geistes abziehen

Griots die es satt haben, dass ihr Verstand in Apartheid-Kokosbutter bleicht.

DEAR COMISSAR

Dear Commissar

my poetry sings of

political baboons puffing wind of vendetta,

splashes of sweet flowing buttock valleys of pay less city laborers

rough crackling red clay of sanctions smashing poverty corrupted face of my

    village,

presidential T-shirt tearing across bellies of street hustlers

mute bitter laughter of political forests after the falling of political lemon trees

Dear Commissar

my poetry is

foot signatures of struggle mothers and greenhorns

bewitched by one-party-state cocaine

new slogan hustlers boozing promises after herbal tea of change rhetoric

street nostrils dripping stink and garbage

tears chiseling rocky breasts of mothers who lost wombs

in the charcoal of voter recount

Dear Commissar

my poetry sings of

rhythm of peasant drums dancing to the new gimmick unknowingly,

political jugglers eating voter drumsticks after another ballot loot.

LIEBER KOMMISSAR

Lieber Kommissar

meine Poesie singt von

politischen Pavianen, die Wind der Vendetta ausatmen,

Spritzern aus süß fließenden Gesäßtälern nicht bezahlter Stadtarbeiter

rauem, knisternden roten Ton von Sanktionen, die das von Armut verdorbene

Gesicht meines Dorfes zerschlagen,

Präsidenten-T-Shirts, die über den Bäuchen von Straßenstrichern flattern

stummem bitteren Gelächter politischer Wälder nach dem Fallen politischer

Zitronenbäume

Lieber Kommissar

Meine Poesie, das sind:

Fußsignaturen von Kampf-Müttern und Greenhorns

verzaubert vom Einparteienstaat-Kokain

neue Slogan-Verramscher die Versprechungen saufen nach Kräutertee der

Veränderungsrhetorik

Straßen-Nasenlöcher triefend von Gestank und Müll

Tränen, die die felsigen Brüste meißeln von Müttern, die den Mutterleib verlorn

in der Holzkohle von Wahlstimmen-Neuauszählungen

Lieber Kommissar

meine Poesie singt vom

Rhythmus von Kleinbauerntrommeln, die unwissentlich tanzen zum neuen

Trick,

von politischen Jongleuren, die Wähler-Trommelstäbe fressen nach noch einer

gestohlenen Wahl.

KONGO

Your past is a mint of blood and tears

Daughters tearing their way to decay

Sons castrated by poverty and superguns,

Kongo

Dream battered and bruised

Your conscience poliorised by oppressive *dans**

Highways clogged by hatred and vendetta

Gutters donating stench and typhoid

Kongo,

Let my poetry feed your withering dreams for guns,

Insult the tired memories of voters.

*The words "dans" is my own coinage: I wanted to talk of colonizers, dictators and warlords. (Mbizo Chirasha)

KONGO

Deine Vergangenheit ist ein Münzwerk von Blut und Tränen

Von Töchtern die ihren Weg zum Verfall aufreißen

Söhnen, kastriert von Armut und Supergewehren,

Kongo,

ein Traum, mißhandelt und zerschlagen

Dein Gewissen poliorisiert von unterdrück'rischem *Lark*

Überlandstraßen verstopft von Haß und Aktionen der Rache

Gossen spenden Gestank und Typhus

Kongo,

laß meine Dichtung deine welkenden Gewehrträume füttern,

und die müden Erinnerungen von Wählern verlachen.

PROPAGANDA CAFÉ

Villagers feed on new diet of slogans

Peasants imbibing the lyrical taste of ice-cold political alcohol,

Served with roasted, salted propaganda nuts

Propaganda gods and goddesses smuggling new breed of manifestos

Paparazzi snorting rumor nicotine for tomorrow's editorials and opinions

Half-baked news candy cakes and roughly cooked opinion chocolates

Vendetta. Fodder for masses

Rumor. Fodder for povo

Concrete streets blistered by hatred posters. City faces scarred by ballot graffiti

Dreams of toddler presidents frozen into tasteless ice cubes in state cold rooms

Systems steaming away into abortion and condom republics

Revolutions burning away into banana and cassava republics.

PROPAGANDA CAFÉ

Dorfbewohner nähr'n sich von neuen Slogans

Kleinbauern bechern den lyrischen Geschmack von eiskaltem politischem

Alkohol,

serviert mit gerösteten, gesalzenen Propaganda-Nüssen

Propagandagötter und -göttinnen schmuggeln eine neue Generation von

Manifesten

Paparazzi schnupfen Gerüchte-Nikotin für die morgigen Leitartikel und

Meinungenkolumnen

Blödsinnige Nachrichten-Süßigkeiten und grob gekochte Meinungsschokoladen

Vendetta: Futter für die Massen

Gerüchte: Futter für's povo

Betonstraßen übersät von Hassplakaten. Stadtgesichter vernarbt von

Stimmzettel-Graffiti

Träume von kindischen Präsidenten, gefroren zu geschmacklosen Eiswürfeln

in staatlichen Kühlräumen

Systeme segeln weg in Abtreibungs- und Kondomrepubliken

Revolutionen brennen ab zu Bananen- und Maniok-Republiken.

MAIDUGURI

I am Biafra sitting on oil

I am bleeding uranium and tea

Iam loaded with ashes and flesh of Sambisa

Carrying whistles and obscenities of wrong revolutions

Roasting daughters for supper

    Weaving words in wind and on wood

I was born with hunger to be free

I was not born free

I am vomiting xenophobia and the past

Planting freedom in the Volta of Sankara

I sing of Congo that lost its bread, season and sand. Peasants drunk with

    bitterness willing to die

Bujumbura, watching Ebola eating supper with republics

Copper pregnant Kalinga-linga dancing in darkness

Sing Maiduguri, symptom of unfinished struggle

Death walking naked in deafening forests of Warange

Children planting bullets like maize in Bokungu

Dissidents chewing scorn

Puppets munching flags

We are tired of picking scorn and grain

Propaganda foxes looting ballots to fatten their puppies and

Mother dogs

Mongers pocketing the state in their ragged overalls

Salivating tongues dangling for another ballot feast

Brother, Poverty sits under the skin like an itch!

MAIDUGURI

Ich bin Biafra, das auf Öl sitzt

Ich blute Uran und Tee

Ich bin beladen mit Asche und Fleisch von Sambisa

Trage Pfeifen und Obszönitäten falscher Revolutionen

Brate Töchtern zum Abendessen

    Webe Worte im Wind und auf Holz

Ich wurde gebor'n mit dem Hunger, frei zu sein

Ich wurde nicht frei geboren

Ich erbreche Xenophobie und Vergangenheit

Pflanze Freiheit im Volta von Sankara

Ich singe vom Kongo, der sein Brot verlor, die Jahreszeit und den Sand. Von

    Kleinbauern, betrunken von Bitterkeit und bereit, zu sterben

Bujumbura, beobachte Ebola, wie's zu Abend ißt mit Republiken

die kupferschwangere Kalinga-Linga, die tanzt in der Dunkelheit

Singe Maiduguri, Symptom eines unvollendeten Kampfes

Der Tod wandelt nackt in den ohrenbetäubenden Wäldern von Warange

Kinder pflanzen Kugeln wie Mais in Bokungu

Dissidenten kauen Hohn

Marionetten mampfen Flaggen

Wir sind es leid, Hohn und Körner zu ernten

Propagandafüchse plündern Stimmzettel, um ihre jungen Hunde zu mästen und

   die Muttertiere

Hetzer stecken sich den Staat in ihre zerlumpten Overalls

Speichelnde Zungen angeln nach einem weiteren Wahlfest

Bruder, die Armut sitzt unter der Haut wie ein Juckreiz!

CRY MY BELOVED PEOPLE!!

This country feasted on our sweat

Our spirits died for this country

Country carrying bad ballots and good coups reaping tears

Country that died many times before death

Country where bullets feed on crocodiles in rivers

Gunpowder is the scent of the forests... Black forests

Erasing memories of love

Country, whose heart heaves with slogans and vendetta

Country on a death bed, eating the present and pocketing the past

Humming the last tune

Country, where dogs bark to their shadows, mothers yell to nothing

Foxes howling against the un-surrendering moon

We walked along the spirit of this country, a country that feasted our blood for

   supper

Masses breakfast religion and propaganda-riff-raff

Cry my beloved people!

See Fundi's writing cultural graffiti in red ink on lampposts. Country born out

   of the laughter of the rifle

People crying for the country sold for bread and tea

WEINE, MEIN GELIEBTES VOLK!!

Dieses Land hat sich an unserem Schweiß sattgefressen

Unsere Geister starben für dieses Land

Land, mit schlechten Stimmzetteln und guten Coups, erntet Tränen

Land, das oftmals starb vor dem Tod

Land, wo Kugeln sich nähren von Krokodilen in Flüssen

Schießpulver ist der Duft der Wälder... Schwarze Wälder

Löschen Erinnerungen aus an die Liebe

Land, dessen Herz bebt von Slogans und Vendettas

Land auf'em Totenbett, frißt die Gegenwart & steckt sich die Vergangenheit ein

Summt die letzte Melodie

Land, wo Hunde ihre Schatten anbellen, Mütter ins Nichts schrei'n

Füchse heulen gegen den nicht kapitulierenden Mond

Wir gingen den Geist dieses Landes entlang, ein Landes, das unser Blut fraß zum

Abendessen

Massen frühstücken Religion und Propaganda-Scheißkram

Weine, mein geliebtes Volk!

Sieh, Fundi schreibt kulturelle Graffiti mit roter Tinte auf Laternenpfähle. Land

geboren aus dem Gelächter des Gewehrs

Menschen weinen um das Land, das verkauft ward für Brot und Tee

BLACK ORANGES

I

Xenophobia my son

I hear a murmur in the streets

A babble of adjoining markets

Your conscience itching with guiltiness like

Genital leprosy

Your wide eyes are cups where tears never fall

When they fall   the storm washes down bullet drains and garbage cities

II

Come Nomzano with your whisper to drown,

Blood scent stinking the rainbow altar.

Darfur, petals of blood spreading,

Perfume of death choking slum nostrils

Slums laden with acrid smell of mud and

Debris smelling like fresh dung heaps

Fear scrawling like lizards on Darfur skin

Kibera. I see you scratching your mind like ragged linen

Smelling the breath of slums and diesel fumes

The smoke puffing out through ghetto ruins is the fire dousing the emblem of

the state

III

Belly of Zambezi aches with crocodile and fish

Villages piled like heaps of potatoes against the flank of eastern hills

Farmlands dripping golden dripping dew

Dawns yawning with vendetta-filled redemption songs

Drums of freedom sounding fainter and fainter, blowing away in the wind

IV

When streets rub their sleep out of their eyes

Villagers scratch painful living from the

infertile patches of sand on this earth whose lungs heave with copper and veins

bleeding gold

Ghetto buttocks sit over poverty. Kalingalinga

Corruption eating breakfast with ministers. Kabulonga, with shrill cries of

children breaking against city walls

V

Shire river tonight your voice rustled dry, like the scratching of old silk

Politicians grow everywhere like weeds

Land of Ngwazi. Yesterday crocodiles breakfasted on flesh

Owls and birds sang with designated protocol

Ngwazi your cough drowned laughters and prayers

Your breath silenced rivers and jungles

VI

Mozambique, belief and gift of my poetry

Sweat wine poured to absent, long forgotten gods and goddesses

Soft kiss spent on golden virgins before they aged into toothless grannies

The rhythm of Samora

Heartbeat of Chimurenga

Drumbeat of Chissano

Today your once bright mornings blight in corruption.

A social anorexia

VII

Abuja guns eat you more than disease

I loved you before you absorbed poverty as sponge soaking out water. Before

   rats chewed your roof

Before you conceived men with borrowed names and totems

Ghost of Abacha guzzling drums of blood and gallons of oil

Wiwa chasing shadows of Babangida past delta of treasures

VIII

Buganda cruelty is a natural weapon of a dictator

Poor lives buried under rubbles of autocracy

Pregnant mothers with eyes gouged out by bullets, pushing their guts

back into their bellies

Luanda you are a roar of old trucks

A whine of motor cycles. A rumble of dead engines

IX

America frying its fingers in oil pans of your kitchen

Where Europe fries, America roasts

Angola. When you cough, America catches a fever

Angola! Quench my parched lungs with a spoon of oil

X

I see the naked thighs of your desert hills

Barotseland of Setswana

A servant positioned with trust

American green bloomed your desert shrubs

Your loyalty is sold to she who offers the next meal.

Barotseland of Seretse

XI

Somalia

Your lips burnt brown with exposure of rough diet

You are muffled voice, cursed and drowned into deep silence

The smell of aged incense and stale coffee

A tune piped by the shepherd on mountainside, only to be half heard and

    quickly forgotten by villagers

XII

Ghana

The anthill of black seed

Coast blessed with gold

Once a young girl full of sap and strength

Once perfumed with richness and sacredness

You shared your salt and sweat from freedom

Today you are like a woman who sleeps with a pillow between her legs

   anticipating

a miracle of man

         XIII

Coast of ivory

I see faces tight as skin of drum in moonlight

Ivory Coast. Once the smoke and smell of human excitement

Tonight bullets burrow into your belly like rats into sacks of Thai rice

You are the broken pot we patch to put on shelf again

SCHWARZE ORANGEN

I

Xenophobie mein Sohn

Ich hör ein Murmeln in den Straßen

Ein Gequatsch von benachbarten Märkten

Dein Gewissen juckt vor Schuldgefühlen wie

Genitale Lepra

Deine weit aufgerissenen Augen sind Tassen, aus denen Tränen nie fallen

Wenn sie fallen, wäscht der Sturm Kugelabflüsse und Müllstädte runter

II

Komm Nomzano mit deinem Flüstern, um zu ertrinken,

Blutgeruch verpestet den Regenbogenaltar.

Darfur, Blütenblätter von Blut breiten sich aus,

Duft des Todes erstickt die Slum-Nasenlöcher

Slums, befrachtet mit beißendem Geruch von Schlamm und

Trümmern, riechen nach frischen Haufen von Mist

Furcht kritzelt wie Echsen auf Darfurhaut

Kibera. Ich sehe, wie du dein Bewußtsein kratzt wie zerrissenes Leinen

Riechst den Atem von Slums und von Dieselabgasen

Der Rauch, der durch Ghettoruinen weht, ist das Feuer, das das Emblem des

Staates auslöscht

III

Der Bauch des Sambesi schmerzt von Krokodil und Fisch

Dörfer sind aufgetürmt wie Haufen Kartoffeln gegen die Flanke östlicher Hügel

Farmland, es tropft goldenen tropfenden Tau

Sonnenschein ist erstickt von vulgärem Morgen

Morgendämmerungen gähnen mit vendettaerfüllten Erlösungsliedern

Trommeln der Freiheit / klingen schwächer und schwächer, verwehen im Wind

IV

Wenn Straßen sich den Schlaf reiben aus den Augen

Dörfler qualvolles Leben kratzen von den

Unfruchtbare Flecken Sands auf dieser Erde, deren Lungen beben von Kupfer

und Adern die bluten Gold

Ghetto-Hintern sitzen auf Armut. Kalingalinga

Korruption frißt Frühstück mit Ministern. Kabulonga, mit schrillen Schreien

von Kindern sie echon an Mauern der Stadt

V

Shire Fluß heut Nacht raschelte deine Stimme trocken wie das Kratzen alter

Seide

Politiker wachsen überall wie Unkraut

Land von Ngwazi. Gestern frühstückten Krokodile Fleisch

Eulen und Vögel sangen nach festgelegtem Protokoll

Ngwazi, dein Husten übertönte Gelächter und Beten

Dein Atem ließ Flüsse verstummen und Dschungel

VI

Mosambik, Glaube und Geschenk meiner Poesie

Schweißwein vergossen für abwesende, längst vergessene Götter und

    Göttinnen

Sanfter Kuss gegeben goldenen Jungfraun, bevor sie alterten zu zahnlosen Omas

Der Rhythmus von Samora

Herzschlag von Chimurenga

Trommelschlag von Chissano

Heut sind eure einst strahlenden Morgen verkommen in Korruption. Eine

    soziale Anorexie

VII

Abuja, Waffen fressen dich mehr als Krankheit

Ich liebte dich, bevor du Armut aufgesogst wie ein Schwamm, der Wasser aufsaugt. Vorher zerkauten Ratten dein Dach

Vorher zeugtest du Menschen mit geliehenen Namen und Totems

Den Geist von Abacha, der Fässer voll Blut säuft und Gallonen von Öl

Wiwa jagt Schatten von Babangida am Delta der Schätze vorbei

VIII

Bugandas Grausamkeit ist eine natürliche Waffe eines Diktators

Arme Leben, begraben unter den Trümmern der Autokratie

Schwangere Mütter mit Augen ausgerissen von Kugeln, sie pressen ihre

Eingeweide zurück in den Bauch

Luanda, du bist ein Röhren alter LKWs

Ein Heulen von Motorrädern. Ein Grollen toter Motoren

IX

Amerika brät seine Finger in Ölpfannen deiner Küche

Wo Europa brät, röstet Amerika

Angola. Wenn du hustest, kriegt Amerika Fieber

Angola! Lösch meine ausgetrockneten Lungen mit nem Löffel Öl

X

Ich seh die nackten Schenkel deiner Wüstenhügel

Barotseland von Setswana

Ein Diener, eingesetzt mit Vertrauen

Amerikanisches Grün* ließ deine Wüstensträucher erblühn

Deine Loyalität wird verkauft an sie, die die nächste Mahlzeit anbietet.

Barotseland von Seretse

XI

Somalia

Deine Lippen sind braun gebrannt vom rauer Nahrung Ausgesetztsein

Du bist gedämpfte Stimme, verflucht und versunken in tiefer Stille

Geruch alten Weihrauchs und abgestandenen Kaffees

Eine Melodie geflötet von dem Hirten am Berghang, nur um halb gehört

schnell vergessen zu werden von Dörflern

XII

Ghana

Der Ameisenhaufen schwarzen Samens

Küste gesegnet mit Gold

Einst ein junges Mädchen voller Saft und Kraft

Einst duftend nach Reichtum und Heiligkeit

Du teiltest dein Salz und den Schweiß der Freiheit

Heute bist du wie eine Frau, die mit einem Kissen zwischen den Beinen schläft

und auf ein Wunder des Mannes wartet

XIII

Elfenbeinküste

Ich sehe Gesichter gespannt wie die Haut einer Trommel im Mondlicht

Elfenbeinküste. Einst der Rauch und Geruch von der Menschen Erregung

Heute Nacht bohren sich Kugeln in deinen Bauch wie Ratten in Säcke mit

thailändischem Reis

Du bist der kaputte Topf, den wir reparieren, um ihn wieder zu stellen ins Regal.

*Amerikanisches Grün: Greenbacks, also Dollarscheine

CASSAVA REPUBLICS

Juba

Child of lost sperm in sunsets of political masturbation

Wagadugu

Deadline of our revolutions

Darfur

Constipated stomach, disease ravaged, bloodless dozing monk.

Nairobi

Culture lost in the dust of Saxon lexicon and gutter slang

Soweto

Xenophobia Drunk and Afro-phobia sloshed.

Marikana

Cervical blister of the unfinished revolution fungi.

Harare

Corruption polonium deforming elders into political hoodlums

Congo

Lodge of secessionists and human guns

MANIOKREPUBLIKEN

Juba

Kind aus verlorenem Sperma in Sonnenuntergängen politischer Masturbation

Wagadugu

Letzte Frist unserer Revolutionen

Darfur

Verstopfter Magen, von Krankheit geplagter, blutleerer, dösender Mönch.

Nairobi

Kultur verloren im Staub von sächsischem Lexikon und Gossen-Slang

Soweto

Xenophobiebetrunken und völlig blau von Afrophobie.

Marikana

Zervikale Blase unvollendeter Pilze der Revolution.

Harare

Korruptionspolonium, das Dorfälteste zu politischen Ganoven verformt

Kongo

Hütte von Sezessionisten und menschlichen Waffen

MAYIBUYE!

Sing Africa. Sing the song of the Sharpeville massacre.

Sing Mayibuye, sing Uhuru na ujamaah.

Sing of fearless Kimathi. Djembe drumming for Sankofa.

Sing Tambo, Biko and Madiba's Nkosi Sikelela.

The continua struggle is the villagers' song.

Cities belching gutter dreams, daughters clutching, blistered

Media, weeping flags, empty bodies trudging through dozing villages.

Mothers and fathers restrain their tears, withering hearts

bandaged by anthems. Sing your struggle Africa!

MAYIBUYE!

Sing Afrika. Sing das Lied vom Sharpeville Massaker.

Sing Mayibuye*, sing Uhuru na ujamaah.

Sing vom furchtlosen Kimathi**. Djembe-Trommeln für Sankofa.

Sing Tambo, Biko und Madibas Nkosi Sikelela.

Der Continua-Kampf ist der Dörfler Lied.

Städte rülpsen Gossenträume, Töchter klammern, voll Blasen

Medien, weinende Fahnen, leere Körper stapfen durch dösende Dörfer.

Mütter und Väter halten ihre Tränen zurück, verwelkende Herzen

bandagiert durch Hymnen. Sing deinen Kampf Afrika!

* Der Maribuye Aufstand im Nov. 1952

**Dedan Kimathi (1920-1957)

KISINGANI AND OTHER VIRGINS

Azania, you sing silent mbaqanga in your sleep

....Xenophobia

Your children eating apartheid tripe and samp

I see the wild fire of Somaliland that everyone sees and

pretend to be blind. Let Samora's spoken word caress

wounded palms of Mozambique.

I hear drumbeats of hope coming from Tumbuktu.

Kisingani your weeping silence reaches the throne of God.

Nyangani you cry silent dreams in your sleep, of children

harvesting paradoxes of history and metaphors of identity.

KISINGANI UND ANDERE JUNGFRAUN

Azania, du singst stille Mbaqanga im Schlaf

....Xenophobie

Deine Kinder essen Apartheid Stuß und Samp*

Ich sehe das wilde Feuer von Somaliland, das jeder sieht und

geb vor, blind zu sein. Lasse Samoras gesprochenes Wort

verwundete Palmen streicheln von Mosambik.

Ich höre Trommelschläge der Hoffnung kommen aus Timbuktu.

Kisingani, dein weinendes Schweigen erreicht Gottes Thron.

Nyangani, du weinst stille Träume in deinem Schlaf von Kindern

die ernten Paradoxien der Geschichte und Metaphern der Identität.

*„Samp" aus grob zerstoßenen Maiskörnern wird gekocht und anstelle
von Brot gegessen.

AZANIA!!

I

Azania! I have a song for you

A song of bees feasting the rainbow nectar on the tattered petals of the

revolution

Egoli! I have a love song for you

Song of Nomvula, the princes of the rain

Madikizela! I have a love song for you

Song of the abandoned poem.

I have a love song for born frees eating beetroot in Thembisa

Povo smoking ganja in Thokoza

I have a love letter for tweeting imbeciles, whose bellies are burning with

emptiness

Zambezi! I have a love song for you

Song of fatcats milking cash cows of the state until udders bleed

I have a love song for you, Azania

Song of your bottoms frying in ovens   Xenophobia

Political turncoats watering marikana fields with blood

Orange River flowing red

Cicadas singing protest songs

Eating funeral sandwiches with apes in Kgalagadi.

Finding no sleep in burning trees

Azania, this jungle burnt off the coal of our dreams.

Azania!

       II

Azania, smell and memory of Mandela

Mzansi, long walk of Sobukwe

Land of metaphor and ambition

Choking in toxics of xenophobia

Babies lulled to sleep by rants of fake revolution and alliteration of the

    rainbow nation

Metaphors of madness!

See Hani and Slovo-your freedom suns watching Sarafina from terraces of life

A Scared revolution!

In this land that lost its gold and salt.

Azania, you are the rainbow laughing the last giggle

Xenophobia burning rainbow flags to ashes

Xenophobia! Black ants burrowing back into their umbilical soil

Madiba weeping, singing for another summer, another rainbow

Madiba went away with rainbow, clutching the clay that binds the rainbow

    threads together!

Azania, Mandela was the clay of the revolution and the glow in the sun

Azania, foxes and their puppies are eating from the pot of gold - Egoli.

Hyenas sniffing the sweetness of this earth now blistered by revolutionary

ailments

See the heartbeat of Soweto carrying the soil of Madiba forever!

Poverty saluting the sun, cockroaches drinking the milk of freedom.

Azania! You reaped freedom not the fruits of freedom, the red sun and the

bruised rainbow

Rainbow is sleeping in stone, Mandela!

Rainbow weeping Marikina after swallowing rain and grain.

Marikana! Afro phobia eating the beloved. Beloved shelling, pounding brothers

like monkey nuts in mortars of apartheid.

Born frees cracking their shoulders to catch those thin glimpses of freedom.

AZANIA!!

I

Azania! Ich hab ein Lied für dich

Ein Lied von Bienen, die den Regenbogennektar saugen auf den zerrissenen

Blütenblättern der Revolution

Egoli! Ich habe ein Liebeslied für dich

Lied der Nomvula, der Prinzen des Regens

Madikizela! Ich habe ein Liebeslied für dich

Lied des aufgegebenen Gedichts.

Ich habe ein Liebeslied für geborene Freie, die Rote Beete essen in Thembisa

Für's Povo das Ganja raucht in Thokoza

Ich habe einen Liebesbrief für twitternde Idioten, deren Bäuche brennen vor

   Leere

Sambesi! Ich habe ein Liebeslied für dich

Lied von fetten Katzen, die Geldkühe melken des Staats, bis die Euter bluten

Ich habe ein Liebeslied für dich, Azania

Lied von deinen Hintern, die braten in Öfen der Xenophobie

Politische Wendehälse bewässern Marikana-Felder mit Blut

Der Orange Fluß fließt rot

Zikaden singen Protestlieder

Essen Beerdigungsstullen mit Affen in Kgalagadi.

Finden keinen Schlaf in brennenden Bäumen

Azania, dieser Dschungel hat die Kohle unserer Träume verbrannt.

Azania!

II

Azania, Geruch und Erinnerung von Mandela

Mzansi, langer Gang von Sobukwe

Land von Metaphern und Ehrgeiz

Das erstickt in Giften von Xenophobie

Babys, in Schlaf gewiegt in Tiraden unechter Revolution und Alliteration der

Regenbogen-Nation

Metaphern des Wahnsinns!

Sieh Hani und Slovo, deine Freiheitssonnen, Sarafina betrachten von Terrassen

des Lebens

Eine vernarbte Revolution!

In diesem Land, das sein Gold und Salz verlor.

Azania, du bist der Regenbogen, der das letzte Kichern lacht

Xenophobie verbrennt Regenbogenfahnen zu Asche

Xenophobie! Schwarze Ameisen graben sich zurück in ihre Nabelerde

Madiba weint, singt für nen anderen Sommer, nen anderen Regenbogen

Madiba ging weg mit den Regenbogen, umklammerte den Lehm, der die

Regenbogenfäden zusammen bindet

Azania, Mandela war der Lehm der Revolution und das Leuchten der Sonne

Azania, Füchse und ihre Jungen fressen aus'm Topf des Golds - Egoli.

Hyänen schnuppern die Süße dieser Erde, die jetzt von Blasen übersät ist der

Erkrankung der Revolution

Sieh den Herzschlag von Soweto die Erde von Madiba tragen für immer!

Armut grüßt die Sonne, Kakerlaken trinken die Milch der Freiheit.

Azania! Du hast Freiheit geerntet, nicht die Früchte der Freiheit, die rote

Sonne und den verletzten Regenbogen

Der Regenbogen schläft im Stein, Mandela!

Der Regenbogen beweint Marikina, nachdem er Regen und Körner

verschluckte.

Marikana! Afrophobie frißt den Geliebten.

Geliebte beschießen, hämmern Brüder wie Affennüsse in Mörsern der

Apartheid.

Freigebor'ne lassen die Schultern knacken, um jene dürren Blicke auf die

Freiheit zu erhaschen

TRANSLATIONS

Each rain drop, fast, often furious,

Rushing to greet the earth, often hard and thirsty earth,

Transitioning, into pools, rivulets, and,

Surface run offs to the drain,

After roots had sucked enough,

To the tributary and mother river,

To the sea or lake,

Far off, too, to the ocean,

Steam off the seagull Nation,

with waves crashing on whale fins,

Up and Up the heat flies up,

Clouds picking wings and forming fluffy feathers,

Am from the South where men play dice with human bones,

And the best use of the mouth is to chew held dreams,

And spit them into fresh graves,

While fathers walk the slow walk of the ninth trimester mother, ready

to deliver, Except, the new born is an old lie wrapped in diamond glitter,

Am now in the East, where Christmas happens every market day for those

with pockets, While hunger roams the side streets of those politically incorrect,

I am going to the North, where hope still holds a decent conversation,

And reason is not needed to allow a man to breath,

Invited by a soul who knows my needs and not my name,

Perhaps I may end up West,

Where feathers once adorned a brave head,

There, I might rest a night and a day,

Waiting for paid maladies to find a cure,

And social consultations to search my roots,

At this cross section where my dreams sit anxiously,

Am kept alive by sweat of Angels from Lands I know from Google map,

Am constantly logged on the accounts of good will,

Never lacking for sleep for the flow of interrupted hope,

I see in my mind's eye why faith is such a divine virtue,

Hunger has failed to dim my steps,

Cold has refused to deaden my prayers,

Am a warrior first who fights best on his knees,

Pillars that stand like light houses never fail to send light my way,

Am mothered by love that is beyond blood and tribe,

As for fathers, their silent arms embrace me from afar,

So dressed in the dusty clothes of a traveler,

Bearing temporariness like a permanent feature,

I transact my steps in Translations of survived hits,

Counting my blessings in the power of ten like Man Musa and the

Commandments, I transition each night from a wide freelancer boy to a

missionary with a mission and vision, What the world will know one day

is this,

Some paths are never chosen by those who walk them,

And that the path does pick pillars to support such a walker,

And I, son of an uprooted existence,

am borne on this journey by true Angels,

Am a beneficiary so grateful,

That when a tear drops,

I catch it first before heaven thinks I'm ungrateful.

ÜBERSETZUNGEN

Jeder Regentropfen, schnell, oft wütend,

eilt zu grüßen die Erde, oft harte und durstige Erde,

fließt weiter in Tümpel, Bäche und

Oberflächenabflüsse zum Abfluss,

Nachdem Wurzeln genug aufgesaugt haben,

dann zum Nebenfluss und Mutterfluss,

zum Meer oder See,

Weit weg, auch, zum Ozean,

Dampf der kommt aus der Möwennation,

mit Wellen, die krachen auf Walfischflossen,

Höher und höher steigt die Hitze auf,

Wolken wählen sich Flügel und bilden flauschige Federn,

Bin aus dem Süden, wo Männer würfeln mit Menschenknochen,

Und der beste Gebrauch des Mundes ist, bewahrte Träume zu kauen,

Und sie zu spucken in frische Gräber,

Während Väter den langsamen Schritt einer Mutter im 9. Trimester haben,

bereit

zu gebären, außer dass das Neugeborene ne alte Lüge ist, gehüllt in Diamanten-

geglitzer,

Bin jetzt im Osten, wo Weihnachten jeden Markttag ist

für die mit Taschen, während Hunger durch die Seitenstraßen der politisch

Unkorrekten streift,

Ich geh nach Norden, wo die Hoffnung ein anständiges Gespräch noch führt,

Und Vernunft nicht nötig ist, um einem Menschen das Atmen zu erlauben,

Eingeladen von einer Seele, die meine Bedürfnisse kennt und nicht meinen

Namen,

Vielleicht land ich im Westen,

Wo einst Federn schmückten ein tapferes Haupt,

Dort könnt ich eine Nacht und einen Tag lang ausruhn,

Wartend auf bezahlte Krankheiten, um ein Mittel der Heilung zu finden,

Und soziale Konsultationen, um meine Wurzeln zu suchen,

An dieser Kreuzung, wo meine Träume sitzen voll Angst,

Werde am Leben gehalten vom Schweiß der Engel aus Ländern, die ich von

der Google-Karte her kenn,

Bin ständig auf Konten guten Willens geloggt,

Nie ermangelnd des Schlafs, wegen des Flusses unterbrochener Hoffnung,

Ich seh mit meinem inneren Auge, warum der Glaube eine so göttliche

Tugend ist,

Hunger hat's nicht geschafft, meine Schritte zu dämpfen,

Kälte hat sich geweigert, meine Gebete zu töten,

Bin ein Krieger zuvorderst, der kämpft, am besten, auf den Knien,

Säulen, die wie Leuchttürme stehen, versagen nie, meinen Weg zu erhellen,

Bin bemuttert von Liebe, die Blut und Stamm transzendiert,

Was die Väter betrifft, so umarmen mich ihre stummen Arme von fern,

So gekleidet in die staubigen Kleider eines Reisenden,

der die Vorläufigkeit erträgt wie ein dauerndes Merkmal,

setz ich meine Schritte um in Übersetzungen von überlebten Hitsongs,

Zähle meine Segnungen in der Zehnerpotenz wie Man Musa und die

Gebote, ich verwandle mich jede Nacht aus'em weithin freiberuflichen Jungn in

nen Missionar mit einer Sendung & Vision, Was die Welt eines Tages wissen

   wird

ist dies:

Manche Wege werden nie von denen gewählt, die sie gehen,

Und dass der Weg die Säulen auswählt, die einen solchen Wanderer stützen,

Und ich, Sohn einer entwurzelten Existenz,

werde auf dieser Reise getragen von wahren Engeln,

Bin ein Begünstigter, so dankbar,

Dass, wenn eine Träne fällt,

ich sie auffang sogleich, bevor der Himmel denkt, ich sei undankbar.

IRON WIND

I

The world has known divisions for as long as history can remember. From strength that overrides others to the weakness that attracts marauding gangs of men of ambition and cunning. Adventure has led some into what they termed "discoveries" of Rivers and their sources, of Mountains high and majestic, and a people so different in their cultural environments, that to the eye of a visitor, they appeared other worldly.

The world has never run short of divisive tools and terms to keep one for each. From the irony of heights and weights, to the delights and indecency of dark humor based on foods and drinks and a people's culture. GOD and gods have their roles and stamps on a people's interpretations, raging from waging wars to convert and dominate, to whole sale massacres because others beliefs were less acceptable to a deity followed by a muscular power. In the name of many known Faiths, man has suffered

immensely and continues to suffer even under the full glare of a world that

is so connected, that nothing escapes the owl eyed social Media/internet

never sleeping eyes.

If it's not belief it's something else that pits one man to another. Color

has played the worst card in segregation of humanity. Regimes are known to

have come up with a cultic panacea of annihilating all who were less than

their proscribed hue, height and eye color in a so called super race.

Commerce has not particularly done well to hide its dismal take on the

lesser endowed in terms of what the world considers GDP....Countries are

graded into first, second and third world. Countries comprise individual

human beings. Once categorized in numerical terms, they cease to have a

human quality and adopt a statistical stature.

Dehumanizing poverty by demonizing it and those suffering

the "pauper malady". Terms like "those who survive under

a dollar a day." A people labelled by lack. Another labelled by luck.

II

Divisions.

Then came weaponry and sophistication. Guns and canned Carnage. Bombs
as heroism spoke to the Sky over Nagasaki and Hiroshima. More divisions
follow. Giants with cold threats lying under silos of frozen homes awaiting
disagreements. What a time of it the world had! But like all eras, this too
came to an end with trumpets of fragmentation scattering the deadly
embers of stored caches of annihilation finding its ways into eager
markets of rogue juvenile quarters ready to tussle for positions of
"global respect" through "fire power"
Ideology made no sense. Religion was cowed. No one was immune to the future
that loomed on the human collective heads as each goon state thumped its
nukes chest.

III

How times change!

A new baby was born in the East. A baby with an attitude like a thief.

Escaping its parents' unloving gloved hands, it flew first into the

neighborhood, dropping its ghastly feces on the heads of its makers' kin.

Death. Sinister death. The wind took the birdling over the border, across

the oceans on the comforts of cruise ships. And luxury living became a

nightmare. Right now, quarantine is not for rabid dogs or lepers in their

colonies.

It's what no longer divides that divides us. What irony! We are faced by an

enemy of our own intellect taken over conscious. Our own intelligence

exceeding common sense. Our own genius gone insane.

In it all, regardless of mitigation measures, one thing speaks a human

language. It's no longer about class, color or Creed. it's not even about

ideology or theology. It's about being careful to survive the monster we

have made. And the world suddenly speaks "humanese"

IV

How I wish we didn't have to face such an ugly and tragic catastrophe to bring us to the realization of the folly of excessive greed in pursuit of glory and power over others.

If we survive, we may have to analyse our engagement with dark matters that that put life at risk. If we don't, we are to blame for our end.

For now, let's keep hygienic, keep to ourselves, bury our Dead, care for the dying and think of how we have arrived at where we are.

While at it, let's pray. For regardless of our form of worship, days of worship, mode of worship and the dress code in worship, we all pray to a Higher power. He may yet hear our prayers and lend a hand.

YOU SEE, praying I, personal and communal if you will. Worship places are closing fast, if not faster than bars and delis. Offices are closing fast, if not faster than schools.

Only true saints are at work. Those medics and their assistants and the guys who must fill the supermarket shelves with your basics.

If you ask me, the very deity we seek in those buildings, is inside us and those selfless humans who take chances with their lives to take charge of ours. They are the ones mellowing down the iron wind of a viral onslaught on humanity right now.

EISENER WIND

I

Die Welt hat Spaltungen gekannt, solange Geschichte zurückdenken kann.

Sie reichen von Stärke, die andere überwältigt, bis zu Schwäche, die

marodierende Banden anzieht,

Männer voll Ehrgeiz und List. Abenteuerlust hat einige zu dem verführt,

was sie „Entdeckungen" nannten, von Flüssen und ihren Quellen, von Bergen

hoch und majestätisch,

und einem Volk, so anders in seinem kulturellen Milieu, dass es

den Augen eines Besuchers erschien wie aus einer anderen Welt.

Der Welt hat's nie an spaltenden Werkzeugen und Begriffen gefehlt, um jeden

zu isolieren.

Von der Ironie der Höhenmaße und Gewichte bis hin zu Genüssen und

Unanständigkeit schwarzen Humors basierend auf Speisen, Getränken & der

Kultur eines Volks.

hinterließen GOTT & die Götter ihre Rolle & Stempel auf den

Interpretationen eines Volks,

das vielfältig tobte, von Kriegführung zum Bekehren und Dominieren, bis hin

zu Massenmorden

weil andere Glaubensüberzeugungen weniger annehmbar waren für eine

Gottheit

die verehrt war von einer starken Macht. Im Namen vieler bekannten

Glaubensrichtungen hat der Mensch unermeßlich gelitten

und leidet weiterhin selbst im vollen Glanz einer Welt, die so vernetzt ist,

dass den eulenäugigen sozialen Medien & des Internet nie schlafenden Augen

nichts entgeht.

Wenn es nicht der Glaube ist, dann ist's etwas anderes, das einen Menschen

gegen andere aufbringt. Farbe

hat bei der Trennung der Menschheit die schlechteste Karte gespielt. Regime

sind dafür bekannt

dass sie sich ein kultisches Allheilmittel ausdachten, alle zu vernichten, die weniger aufweisen als die vorgeschriebene Hautfarbe, Größe und Augenfarbe

einer sogenannten Superrasse.

Der Handel hat nicht besonders geglänzt beim Verbergen seines düsteren

Effekts

für die weniger gut Ausgestatteten in Bezug auf das, was die Welt als BIP

betrachtet ...

Länder werden eingestuft als erste, zweite und dritte Welt.

Länder bestehen aus einzelnen Menschen. Einmal numerisch kategorisiert,

haben sie

keine menschliche Qualität mehr und nehmen eine statistische Form an.

Entmenschlichung von Armut, indem man diese dämonisiert und die, die an

der „Pauper-Krankheit" leiden.

Begriffe wie „diejenigen, die mit weniger als einem Dollar pro Tag überleben"..

Ein Volk, versehen mit dem Etikett des Mangels. Ein anderes, etikettiert durch

zufälliges Glück.

II

Trennungen

Dann kamen Waffen und Raffiniertheit. Waffen und in Konserven, das Blutbad.

Bomben als Heldentum sprachen zum Himmel über Nagasaki und Hiroshima.

Mehr Trennungen folgen. Riesen mit kalten Drohungen, die liegen unter Silos

gefrorener Häuser und warten auf Meinungsverschiedenheiten. Welch eine

Zeit

die Welt so erlebte! Aber wie alle Epochen fand auch diese ein Ende

mit Trompeten der Fragmentierung, die die tödliche Glut zerstreuten

der verborgen aufgehäuften Waffen der Vernichtung, die ihren Weg fanden in

begierige Märkte schurkischer junger Sektoren, die bereit sind, um Positionen

bezüglich „globaler Achtung" zu ringen durch „Feuerkraft".

Ideologie machte keinen Sinn. Religion wurde eingeschüchtert. Niemand war

immun in Bezug auf die Zukunft

die bedrohlich hing über kollektiven Köpfen der Menschheit, während jeder

Idiotenstaat auf seine nukleare Kiste klopfte.

III

Wie sich die Zeiten ändern!

Ein neues Baby wurde im Osten geboren. Ein Baby mit einer Haltung wie ein

Dieb.

Es entkam den lieblosen behandschuhten Händen seiner Eltern, flog zuerst in

die Nachbarschaft und tropfte seinen grässlichen Kot auf die Köpfe der

Verwandten seiner Erzeuger.

Tod. Finsterer Tod. Der Wind trug das Vögelchen über die Grenze, über

Ozeane mit dem Komfort von Kreuzfahrtschiffen. Und luxuriöses Wohnen

wurde

zu einem Albtraum. Im Moment gilt die Quarantäne nicht für tollwütige Hunde

oder Leprakranke in ihren Kolonien.

Was uns nicht mehr trennt, das trennt uns. Welch Ironie! Wir sind konfrontiert

mit einem Feind aus unserem eigenen Intellekt, der bewusst übernommen ist.

Unserer eigenen Intelligenz, die den gesunden Menschenverstand übersteigt.

Unseres eigenen Genies, das verrückt wurde.

In all dem, unabhängig von Linderungsmaßnahmen, spricht ein Ding eine

menschliche Sprache.

Es geht nicht mehr um Klasse, Hautfarbe oder Glaubensbekenntnis. es geht

nicht einmal um Ideologie oder Theologie. Es geht darum, vorsichtig zu sein,

um das Monster, das wir machten, zu überleben. Und die Welt spricht plötzlich

„humanesisch".

IV

Wie sehr ich wünsch, wir müssten nicht konfrontiert sein mit einer so

    hässlichen und tragischen Katastrophe

um zur Erkenntnis der Torheit übermäßiger Gier im Streben nach

Ruhm und Macht über andere zu kommen.

Wenn wir überleben, müssen wir vielleicht unsere Auseinandersetzung mit

Dunklen Materien analysieren

die das Leben aufs Spiel setzten. Wenn wir's nicht tun, sind wir Sschuld an

.....unserem Ende.

Lasst uns vorerst die Hygiene beachten, für uns bleiben, unsere Toten begraben,

uns kümmern um die, die sterben, und überlegen, wie wir dorthin kamen, wo

wir jetzt sind.

Lasst uns dabei beten. Denn unabhängig von unserer Form der Anbetung, der

Tage des Betens, der Art der Anbetung und die Kleiderordnung bezüglich der

Anbetung beten wir alle zu einer Höheren Macht. Er kann unsere Gebete noch

erhörn und uns beistehn.

SIEHST DU, ich bete, persönlich und gemeinschaftlich, wenn du willst.

Andachtsstätten schließen schnell, wenn nicht sogar schneller als Bars und

Feinkostläden. Büros schließen schnell,

wenn nicht schneller als Schulen.

Nur wahre Heilige sind am Werk. Diese Sanitäter und ihre Helfer und die

Jungs, die die Supermarktregale mit dem für dich Notwendigen füllen müssen.

Wenn du mich fragst, ist genau die Gottheit, die wir in diesen Gebäuden suchen,

in uns und diesen selbstlosen Menschen, die ihr Leben riskieren, um für unseres

da zu sein.

Sie sind diejenigen, die gerade jetzt den eisernen Wind eines viralen Ansturms auf die Menschheit mildern.

MISSED MOMENT, MIND BUMPS AND LOCKED PADDOCKS

Calling the morning with a mournful urgency, sleep fell off the

routine checks of protocol and the gong silently, if urgently,

summoned a sermon of fleeting feet. A son beheld the sun's shadow with

loving thoughts packed hurriedly into a strained back. The beauty of

smooth roads and distant hills failed dismally to tell the dreams on

a runway refusing crafts to land. Temporariness is a weed with long

tendrils as only those with healthy respect for shadows know. To part

with tomorrow's hope to the hands of a paid Piper whose mission in

"his appointed career" is to poach livelihoods of passers-by in quest

for a night's nest on this migratory routine is a pain bordering on a

tooth extraction without anaesthesia. That this accepted sin is

described in business lingo as lucrative is tearing off flesh from the

living and asking to be thanked.

And the revolutionary chant is not over!!!

Am blind and love it because that way I judge nobody.

Am deaf and trust it because that way I hear only hope from Angels from a far.

Am immune to cold and heat so the elements don't scare me,

I am a lamp post planted by hands I can only guess at. Am a child and

a man honest enough to acknowledge God exists in the spirit of

creation and the heart of men however few.

When boarders slam doors louder than an irate spouse demonstrating

disgust at an assumed slight by love, common sense stirs the soul for

an instinctive triple jump.

Am a son of the South where the sun rises with the song of the hills

and cattle calling milk to duty,

Milk is a source of life and its absence is a bitter song that speaks

kwashiorkor and other third rate needs unmet.

Am a product of great souls that the universe unites to clear the morning smog with a heart's torch.

And the struggle song is not over!!!

What is Man but a product of Man?

I refuse to reject humanity and I do it with humility.

Where I am is a location whose dust reminds me of my earliest form and

my final formlessness.

I am a journey on a travel and now is time to chant an old tune,

That no struggle is without cause and course if it's the one that chose you,

And in the beauty of such times as we are living in, islands within,

Am counting thousands of breaths in gratitude for the spice that life

and living is.

For spice true, is in the variety,

Not only of terrain but of origin,

But also the hand that tended it,

The hand that picked and packed it,

As such,

Making the whole a part of the bits and vice versa.

Cycles refuse to rest, like a moth in flight, a soul flies in the

night leaving a sad dream on a prodigal son's wet eyelids,

And the liberation vibe is not far,

Who can say the taste of life is anything but mysterious and hard at its best?

 News is best at its absence if it's not the birth of a child,

Am awake to all truths even the most banal and morbid,

Am human enough to weep at wickedness and laugh at jest,

But tell me, fair men of this land that "unlanded" me how to virtually

bury my own,

Tell me like I am a three-year-old how to grieve with dignity this

vehicle that bore me to your shores and must now bid a silent goodbye

in my blinded monastery upon this cavernous existence,

And the redemption thunder is rumbling closer!!!

Am flesh and flesh has demands to weep and touch its own in making

and unmaking,

Who will roll this mist back a day and allow a wish to plan a shared hug?

Am a child of the universe bleeding hard on the winds that make

commandments of demented buffoonery,

I fall on these weakened knees sending this mute anguish up into the

bloated clouds,

If I see tomorrow it's all because silence has given me a route to

walk in this barren vacuum of misplaced hunger of human touch,

That voices sprout hands that feed my sanity with a purity only angels

know, am grateful,

And some day, when the grass has grown over that mound that settled unto

   itself,

This boy with a grey beard shall come back to plant a fruit tree on

the home square and name it "Silver" in honour of all dawns and dusks,

And the tender hands that give me dew upon this journey at the earliest of arrivals.

Am all that because you are all that, even as you now ride the stars

in the silence of night and the wind of days.

And the revolutionary chanters are chanting still

It's not yet uhuru , Aluta Continua, the fight and chant for freedom continues.

VERPASSTER MOMENT, BEWUSSTSEINSANSTÖSSE, UND VERSCHLOSSENE KOPPELN

Den Morgen heischend voll trauriger Dringlichkeit fiel der Schlaf ab von den

Routinekontrollen des Protokolls und der Gong rief still, wenn auch

dringlich, eine Predigt flüchtiger Füße herbei. Ein Sohn sah der Sonne

Schatten voll liebevoller Gedanken, hastig geladen auf einen verspannten

Rücken. Die Schönheit von ebenen Straßen und fernen Hügel versagte

kläglich dabei, die Träume auf einer Landebahn zu erzählen, die Flugzeugen

das Landen verweigerte. Vorläufigkeit ist ein Unkraut mit langem Ranken,

wie nur die mit gesundem Respekt vor Schatten wissen. Auf dieser Routine

der Migration, auf der Suche nach einem Nest für die Nacht, zu gehn mit

der Hoffnung von morgen weg in die Hände eines bezahlten Pfeifers,

dessen Mission in „seiner bestallten Karriere" darin besteht, den

Lebensunterhalt von Vorbeikommenden zu wildern, ist ein Schmerz, der

grenzt an eine Zahnextraktion ohne Anästhesie. Dass diese akzeptierte

Sünde im Geschäftsjargon als lukrativ bezeichnet wird, reißt das Fleisch von den Lebenden ab und bittet um Dank. Und der revolutionäre Gesang ist noch nicht vorbei!!!

Bin blind und liebe es, weil ich so niemanden beurteil.

Bin taub und vertraue darauf, denn so höre ich nur Hoffnung von Engeln aus weiter Ferne.

Bin immun gegen Kälte und Hitze, damit mich die Elemente nicht schrecken

Ich bin ein Laternenpfahl. von Händen gepflanzt, die ich nur ahnen kann. Bin ein Kind und ein Mann, ehrlich genug, um anzuerkennen, dass Gott existiert im Geist der Schöpfung und dem Herz von Menschen, wie wenige auch immer es sind.

Wenn Mieter Türen lauter zuschlagen als ein wütender Ehepartner, der Abscheu demonstriert wegen vermeintlich verletzter Liebe, dann veranlaßt

gesunder Menschenverstand die Seele zu einem instinktiven dreifachen
Sprung.

Bin ein Sohn des Südens, wo die Sonne aufgeht mit dem Lied der Hügel und

Rinder die Milch zum Dienst aufrufen; Milch ist eine Quelle des Lebens

und ihre Abwesenheit ist ein bitteres Lied, das Kwashiorkor ausspricht

und andere drittrangige Bedürfnisse, die unerfüllt sind.

Bin ein Produkt großer Seelen, die das Universum vereint, um den Dunst des

Morgens aufzulösen mit eines Herzens Fackel.

Und das Kampflied ist noch nicht vorbei!!!

Was ist der Mensch anderes als ein Produkt des Menschen?

Ich weigere mich, die Menschheit abzulehnen, und ich tu' es in Demut.

Wo ich bin, ist ein Ort, dessen Staub mich an meine früheste Form erinnert

und an meine endgültige Formlosigkeit.

Ich bin ein Unterwegssein auf einer Reise und jetzt ist es Zeit, eine alte

Melodie zu singen,

Dass kein Kampf ohne Ursache und Verlauf ist, wenn er derjenige ist, der dich

gewählt hat,

Und in der Schönheit solcher Zeiten, in denen wir leben, Inseln im Inneren,

zähle ich Tausende von Atemzügen voll Dankbarkeit für die Würze, die das

Leben ist und die zu leben ist.

Denn Würze, wahrlich, liegt in der Vielfalt,

Nicht nur des Terrains, sondern auch des Ursprungs, Aber auch der Hand, die

das hegte - , der Hand, die es pflückte und packte,

Als solches, so das Ganze zu einem Teil der Stücke machend und umgekehrt.

Zyklen weigern sich zu ruhen, wie eine Motte im Flug, eine Seele fliegt hinein

in die Nacht und hinterlässt einen traurigen Traum auf eines verlorenen

Sohnes feuchten Augenlidern,

Und die Befreiungsstimmung ist nicht fern,

Wer kann sagen, dass der Geschmack des Lebens anders ist als bestenfalls

geheimnisvoll und hart?

Nachrichten sind am besten in ihrer Abwesenheit, wenn es nicht die Geburt

eines Kindes ist,

Bin wach für alle Wahrheiten, selbst die banalsten und morbidesten, Bin

menschlich genug, um über Bosheit zu weinen und über Scherze zu lachen,

Aber sagt mir, gute Männer dieses Landes, das mich praktisch „ent-Landete",

wie ich tatsächlich mein eigenes begraben soll,

Sagt mir, als sei ich ein Dreijähriger, wie ich dies Fahrzeug mit Würde

betrauern kann, das mich an eure Ufer trug und das nun schweigend

Abschied nehmen muss in meinem geblendeten Kloster auf dieser

höhlenartigen Existenz,

Und der Erlösungsdonner grollt näher!!!

Bin Fleisch und Fleisch hat Forderungen, zu weinen und sein Eigenes zu

berühren im Machen und Rückgängig-machen,

Wer wird diesen Nebel einen Tag zurückrollen und einem Wunsch erlauben,

eine geteilte Umarmung zu planen?

Bin ein Kind des Universums, das stark blutet von den Winden, die Gebote

schwachsinniger Possenreißerei produzieren,

Ich falle auf diese geschwächten Knie und sende diese stumme Qual hinauf in

sich blähende Wolken,

Wenn ich das Morgen sehe, geschieht's, weil Stille mir einen Weg wies in

dieser öden Leere törichten Hungers nach menschlicher Berührung,

Dass Stimmen Hände sprießen lassen, die meinen klaren Sinn mit einer

Reinheit füttern, wissen nur Engel, ich bin dankbar dafür,

Und eines Tages, wenn das Gras über diesem Hügel gewachsen ist, der sich in

sich selbst niederließ, wird dieser Junge mit grauem Bart zurückkommen,

um einen Obstbaum zu pflanzen auf dem Heimatplatz und ihn „Silber"

nennen zu Ehren aller Sonnenauf- und -untergänge

und der zarten Hände, die mir auf dieser Reise Tau schenken bei den

frühesten der Ankünfte.

Bin all das, weil du all das bist, selbst wenn du jetzt auf den Sternen reitest

in der Stille der Nacht und im Wind der Tage.

Und die revolutionären Sänger singen immer noch

Es ist noch nicht Uhuru, Aluta Continua, der Kampf und der Gesang für die

Freiheit gehen weiter.

THE ROAD TO ZVEGONA

Is fading the memory of its son,

Who for words must ride the night

Fleeing ears that hear thunder on a baby's purity giggle,

Zvegona, my homestead,

Ancestors are watching

Elders on a scheming mission

Trading lies with more lies

The road to Zvegona

Your Sideroads sigh

Your song is silent

Only hiccups of mothers greet the sun

Yearning for the return of the bearded child

Who lives on the strings of truth

Truth refused a seat at the council of baboons on the lagoons

Goons settling scores on the assumptions that a boy has a price,

Well, the boy true has a price

But not one you can pay with looted coins

The boy has shaved his hair not his brains

The boy has slipped his boots on and truth has raised its flag

And the spirits of truth sing his Achilles heels on,

So Zvegona, the village of the lucky poet,

Grows thistles and thorns

Feeds cattle and goats

The boy has shaved his beard

Ready for a walk back, to shave the land of all pretentious shenanigans

Uprooting the weeds and weevils

Repair the kraal too,

Where roosters shall announce light unto the land,

Currently bent double under the gargantuan weight of lying tongues.

Zvegona, you are my yesterday

Zvegona, you are my tomorrow in whatever form, shape or ....

DER WEG NACH ZVEGONA

Läßt verblassen / die Erinnerung an seinen Sohn,

der um der Worte willen die Nacht reiten muß

auf der Flucht vor Ohren, die Donner hören auf eines Babys Reinheitskichern

Zvegona, meine Heimstatt,

Ahnen schauen zu

Älteste auf einer intriganten Mission

Tauschen Lügen ein gegen noch mehr Lügen

Der Weg nach Zvegona

Deine Seitenstraßen seufzen

Dein Lied ist stumm

Nur der Schluckauf von Müttern grüßt die Sonne

Sie sehnen sich nach der Rückkehr des bärtigen Kinds

Das lebt von den Fäden der Wahrheit

Wahrheit lehnte einen Sitz ab in dem Rat der Paviane auf den Lagunen

Gangster beglichen Rechungen, gingen aus von der Annahme, dass ein Junge

einen Preis hat,

Nun ja, der Junge hat wahrlich einen Preis

Aber keinen, den ihr bezahlen könnt mit geplünderten Münzen

Der Junge hat seine Haare rasiert, nicht sein Gehirn

Der Junge hat seine Stiefel angezogen und die Wahrheit hat ihre Flagge gehisst

Und die Geister der Wahrheit singen seine Achillesferse weiter voran,

So läßt Zvegona, das Dorf des glücklichen Dichters,

Disteln und Dornen wachsen

Ernährt Rinder und Ziegen

Der Junge hat seinen Bart abrasiert

Ist bereit für einen Gang zurück, um das Land frei zu rasieren von allem

prätentiösen Mumpitz

und das Unkraut und die Rüsselkäfer auszureißen

und auch den Kral zu reparieren,

Wo Hähne dem Land Licht ankündigen sollen,

das sich derzeit krümmt unter dem gigantischen Gewicht lügender Zungen.

Zvegona, du bist mein Gestern

Zvegona, du bist mein Morgen in welcher Form auch immer und Gestalt oder...

FORTY DAYS AFTER DAWN

We burnt drums and exiled the drummers

Still holding cows for other villagers to milk

Undergarments of the banks stink like garbage

Forty years after dawn

State plans still dressed in torn overalls of the parliament

Bullet speaks louder than ballot

Forty years after dawn we discovered no totem of truth

And flowers of freedom never bloom

Forty years after dawn

Blood smells more toxic than pesticides in the lungs of the cities and nostrils of

    the villages

VIERZIG TAGE NACH SONNENAUFGANG

Wir haben Trommeln verbrannt und exilierten die Trommler

Halten immer noch Kühe für andere Dörfler zum Melken

Unterwäsche der Banken stinkt nach Abfall

Vierzig Jahre nach Sonnenaufgang

Stecken staatliche Pläne noch immer in zerrissenen Overalls des Parlaments

Die Kugel spricht lauter als der Wahlzettel

Vierzig Jahre nach Sonnenaufgang entdeckten wir kein Totem der Wahrheit

Und Blumen der Freiheit blühen nie

Vierzig Jahre nach Sonnenaufgang

Riecht Blut giftiger als Pestizide in den Lungen der Städte und Nasenlöchern

   die Dörfer

GOLGOTHA EPISODE

Ballot defecating shadows of hunger over

Poverty creased napkins of my mind

Slums farting anopheles into the gutters of my

blood Long departed hunters urinated bullets into

iron uterus of war tired peasants giving birth to

atomic bombs and suckling grenades

Media   wizards   imbibing

propaganda salami and slogan pizza

Hunger mandraxed rabbis licking fingers after chalk dust noon

meals I am word dynamite fumigating corrupt economic bedbugs

sucking out the fertility of our sunshine clouds of hungry bellies

rumble with formulae

Sunrise with virus graffiti scribbled on its forehead

Moonrise with roaches corrupting its eczema eaten breasts

Bread buttered with Tutsiville blood, sanguages cheesed with

Darfur wounds

Gore dripping diamonds auctioned for flesh guzzling

guns Brown teethed nights grazing green mealies

before fingers of dawn caress vendetta wounded minds

Unrepentant Ngo bishops pimping vulnerables for fat cheque books, gong and

   bling

Greenback laureates double crossing peacecrats and warcrats in donor

   shebeens

Economic whores dipping their sperm-ducts in diplomatic brothels

Paparazzi gutters vomiting garbage of spray painted columns

Slogan dogs parodying Hiroshima farce and bag dad comedy

Greenhorns licking leftovers of propaganda braai packs after ballot arithmetic

Undersized zealots fitting political G-strings in springs of delimitation

Political morons mastering propaganda syllabus in their gimmick-

Tired memories.

I am poetic chlorine puritising political mental conveyor belts

from the crude oil of corruption

I am a metaphoric lotion peeling off eczema of the decade election hepatitis

GOLGATHA EPISODE

Stimmzettel scheißen Schatten des Hungers auf

von Armut zerknitterte Servietten meines Geistes

Slums furzen Anophelesmücken in die Gosse meines Bluts.

Lange verstorbene Jäger pissten Kugeln in den eisernen Uterus kriegsmüder

    Bauern, gebaren Atombomben und säugten Granaten

Medienzauberer saugten Propaganda-Salami und Slogan-Pizzas

Hungergeplagte Rabbiner leckten sich die Finger nach Kreidestaub-

    Mittagsessen

Ich bin Wortdynamit. Begase korrupte ökonomische Wanzen welche die

    Fruchtbarkeit saugen aus unsrem Sonnenschein / Wolken von hungrigen

    Mägen knurren mit Formeln

Der Sonnenaufgang ist bekritzelt mit Virus-Graffiti auf der Stirn

Der Mondaufgang mit Kakerlaken, die seine von Ekzemen zerfressenen Brüste verderben

Das Brot, bestrichen mit Tutsiville-Blut, Sandwiches käseüberbacken mit

Darfur-Wunden

Von Blut tropfende Diamanten sind versteigert für fleischfressende Waffen

Braunzahnige Nächte futtern grüne Mehlkörner, bevor Finger des

    Tagesanbruchs Rachewunden des Geistes liebkosen

Reuelose Ngo-Bischöfe erleichtern Verwundbare um fette Scheckhefte, Gongs

    und Bling

Dollar-Geehrte legen Friedensherrscher und Kriegsherrscher rein in Spender-

    Kaschemmen

Ökonomische Huren tauchen ihre Samenleitern in diplomatische Bordelle

Paparazzi-Gossen kotzen Müll gesprayter Säulen

Slogan-Hunde parodieren Hiroshima-Farce und Bag-Dad-Komödie

Greenhörner lecken Reste von Propaganda-Grill-Happen nach der

    Stimmzettel-Arithmetik

Mickrige Eiferer passen politische G-Saiten in Frühlinge der Abgrenzung ein

Politische Idioten beherrschen den Propaganda-Lehrplan in ihren trickmüden

Erinnerungen.

Ich bin poetisches Chlor, das politische mentale Förderbänder vom Rohöl der

Korruption reinigt

Ich bin eine metaphorische Lotion, die Ekzeme des Wahlhepatitis- Jahrzehnts

abwäscht

DEMONS GRAZING (I)

Democracy does not heal the syphilis of apartheid

It   never   healed   the

hepatitis of racism It is the

ritual of the governed to

govern   though   they

remain governed

Democracy,   a   word   of   the

corrupted learned Democracy, a

fart of the bullet signature of

ballot sting of the scorpion

Blood boiling stomachs of Darfur

Darfur you smell Nagasaki

Blood frothing hard rocky buttocks of Congo

Congo you sting Bagdhad

Hunger pornographing breasts in Somalia

ministers dangling bellies

Poetry scattered in slums and ghettos

Word stitched between bullet and ballot

Grammar punctuated between slogan and vulgar Democracy an oxymoron of

Abacha's machete and Madiba' bible

Hyperbole of Guantanamo Bay and Robin Island

GRASENDE DÄMONEN (I)

Demokratie heilt nicht die Syphilis der Apartheid

Sie hat nie die Hepatitis des Rassismus geheilt. Sie ist das Ritual der Regierten,

   zu regieren, obschon sie Regierte bleiben

Demokratie, ein Wort der korrumpierten gelehrten Demokratie, ein Furz der

   Kugelunterschrift des Wahlzettels Stich des Skorpions

Blut kocht Mägen von Darfur

Darfur du riechst Nagasaki

Blut beschäumt harte felsige Ärsche des Kongo

Kongo, du stichst Bagdad

Hunger pornografiert Brüste in Somalia der Minister herabhängende Bäuche

Poesie ist verstreut in Slums und in Ghettos

Wort, genäht zwischen Kugel und Abstimmungszettel

Grammatik, interpunktiert zwischen Slogan und vulgärer Demokratie, ein

   Oxymoron von Abachas Machete und Madibas Bibel

Hyperbel von Guantanamo Bay und Robin Island

DEMONS GRAZING (II)

Democracy

Freedom unearthed from apartheid intestines

A legacy that carried sorrows since the days of yelping baboons

    and yapping dogs

Monrovia blooming legumes of blood in

superstitions of blood harvesting

Crocodiles basking in the east of political comfort zones

Afghan with the heart burn for freedom

Baboons laughing other baboons in political forests

Politicians crushing poverty under their feet

Polishing streets with the glitz of robots and rainbow sweet talk.

GRASENDE DÄMONEN (II)

Demokratie

Freiheit, nicht freigelegt aus den Eingeweiden der Apartheid

Ein Vermächtnis, das Kummer mitbrachte seit den Tagen der kläffenden Paviane

    und schnappenden Hunde

Monrovia blüht Hülsenfrüchte von Blut im Aberglauben der Bluteinsammlung

Krokodile sonnen sich im Osten politischer Komfortzonen Afghane mit dem

    Herzbrennen für die Freiheit

Paviane lachen andre Paviane sind in politischen Wäldern

Politiker zermalmen die Armut unter ihren eigenen Füßen

Polieren die Straßen mit dem Glanz von Robotern und regenbogenfarbenen

    leeren Sprüchen.

LETTER TO MY DAUGHTER

this poem reshuffled cabinet the rhythm resigned the president

its metaphors adjourned parliament

my daughter awaken sleeping patriots eating peanut in slogan darkness rise

  dozing

voters in the warmth of political acid awaken struggle heroes in graves tired of

wrong epitaphs and fake eulogies awaken fat cats puffing zanunised and mdcided

propaganda burgers in slumber

rise green horns drinking much talked herbal tea of change grandfathers of

patriotism to bring back truth drowning in potholes of grief god fathers of

  change

to bring back my vote choked in drums of new renewed

corruption

bring red hot charcoal to roast political bedbugs sucking our blood in daylight

bring a word scientist to burn the justified injustice in poetic sulphuric acid

my daughter this poem reshuffled cabinet the rhythm resigned the president the

metaphors adjourned parliament.

BRIEF AN MEINE TOCHTER

dieses Gedicht mischte das Kabinett neu auf, der Rhythmus ließ dem Präsident

    zurücktreten

seine Metaphern bewirkten die Vertagung des Parlaments

Meine Tochter weck schlafende Patrioten, die Erdnüsse essen in

    Slogandunkelheit / rüttel dösende

Wähler auf in der Wärme politischer Säure weck Kampfhelden in Gräbern die

    genug haben von

falschen Epitaphen und gefälschte Lobreden weck fette Katzen, die

    ZANUisierte und MDCierte Propagandaburgher ausstoßen im

Schlummer

Laß Grün Hörner aufwachen die viel beredeten Kräutertee des Wandels

    trinken

Großväter des Patriotismus, um die Wahrheit zurückzubringen, die in

Schlaglöchern der Trauer ertrinkt, Taufpaten des Wandels

um meine Wahlstimme zurückzubringen, die erstickt ist vom Trommeln der

neuen, erneuten

Korruption

Bring rotglühende Holzkohle, um politische Wanzen zu rösten, die unser Blut

im Licht des Tages aussaugen

bring einen Wortwissenschaftler dazu, das gerechtfertigte Unrecht in

poetischer Schwefelsäure zu verbrennen

meine Tochter dieses Gedicht hat das Kabinett neu aufgemischt der Rhythmus

ließ den Präsident zurücktreten

Die Metaphern verursachten die Vertagung des Parlaments.

MY PAINFUL POETRY

Its rhymes are of the poverty stripped windows in

Liberia.

Its symbols are of the slain cops freezing on the mortuary slabs of Gambia

Its imagery is of freedom succumbing within bomb cry in Nigeria

Its sound is of poverty-shrivelled breasts of mothers in Eritrea

Its surprise is of hunger tortured children in Ethiopia

Its echo is of war caused orphans digging for fortunes and future in rubbish

dumps

of Somalia

My painful poetry

Its connotations are of the weeping of ethnic tribes in Libya

Its voice is of groaning stomachs of banks in Namibia

Its tragedy is of sewage pipes gushing out disgusting contents in the streets of

Zambia

Its metaphors are machetes slicing wombs in the valleys of Katanga

Its similes are of blood-stained walls of sufferance in Tanzania

Its alliterations are of genocides and atrocities in Rwandan corridors

Its resonance is of butchers and slaughters in Burundian drives

My painful poetry

Its beat is of apartheid explosions in South Africa

Its allegory is of the crying of the Povo in Zimbabwe

Its satire is of the inking of villages in Mozambique

Its irony is barter exchange of diamond and riles in Angola

Its epitaph is the dying of the cultures in Algeria

My painful poetry is painful and never beautiful

MEINE SCHMERZLICHE POESIE

Ihre Reime handeln von den durch Armut entblätterten Fenstern in Liberia.

Ihre Symbole sprechen von den ermordeten Polizisten eingefror'n auf

den Grabplatten von Gambia

Ihre Bilder zeigen die Freiheit, die Bombengeschrei erliegt in Nigeria

Ihr Klang spricht von durch Armut verschrumpelten Brüsten von Müttern in

Eritrea

Ihre Überraschung ist die von hungergequälten Kindern in Äthiopien

Ihr Echo ist das von durch Krieg verursachten Waisen, die nach Reichtümern

und einer Zukunft graben auf den Müllhalden von Somalia

Meine schmerzhafte Poesie

Ihre Konnotationen sind die des Weinens ethnischer Stämme in Libyen

Ihre Stimme ist die von stöhnenden Mägen von Banken in Namibia

Ihre Tragödie ist die von Abwasserrohren die ihren ekelhaften Inhalt entleeren in den Straßen von Sambia

Ihre Metaphern sind Macheten, die Bäuche aufschlitzen in den Tälern von

Katanga

Ihre Gleichnisse sind die von blutbefleckten Mauern des Leidens in Tansania

Ihre Alliterationen sind die von Genoziden und Gräueltaten in ruandischen

Korridoren

Seine Resonanz ist die von Schlächtern und Schlachtungen in burundischen

Laufwerken

Meine schmerzhafte Poesie

Ihr Beat ist der von Apartheit-Explosionen in Südafrika

Ihre Allegorie ist die des Weinens des Povo in Zimbabwe

Ihre Satire ist die von der Eintuschierung von Dörfern in Mosambik

Ihre Ironie ist Tauschhandel von Diamanten und Problemen in Angola

Ihr Epitaph ist das Sterben der Kulturen in Algerien

Meine schmerzhafte Poesie ist schmerzhaft und niemals schön

IAM A TRUE SONG

The song sleeping dead in the hospital bed of my mind

Song suffering from poetic hypertension

Song heaving from poetic chronic fever

I am the song of holy tongues and sacred whirlwinds

I am song, the language of mothers

I am the song in the womb and steel breasts of mothers who survived the wind

I am the song whose darkness sits in the granite hearts of villages

I am the song once tuned in the military vests and bullet proof helmets of war-

skeletons in night vigils

I am the song of June nights and empty streets

I am the sacred song and the holy tune of mothers incubating more dreams in

the warmth of generations.

ICH BIN EIN WAHRES LIED

Das Lied, das tot schläft in dem Krankenhausbett meines Bewußtseins

Lied, das an poetischem Bluthochdruck leidet

Lied das sich hebt und senkt im poetischen chronischen Fieber

Ich bin das Lied von heiligen Zungen und geweihten Wirbelwinden

Ich bin Lied, die Sprache der Mütter

Ich bin das Lied im Bauch und den Stahlbrüsten von Müttern, die den Wind

überlebten

Ich bin das Lied, dessen Dunkel sitzt in den granitenen Herzen der Dörfer

Ich bin das Lied, das einst gestimmt worden ist in den Militärwesten und

kugelsicheren Helmen von Kriegs-Skeletten auf Nachtwachen

Ich bin das Lied der Juninächte und leeren Straßen

Ich bin das heilige Lied und die heilige Melodie der Mütter, die mehr Träume

ausbrüten in der Wärme von Generationen.

EMPTY DREAM

Bring me the undergarments of the state and vests of

Parliament

I see rains of hatred pounding the face of Juba

Socialists and mongers breakfasting human delicacies

Political drunkards lolling feeble voters to night mares and empty dreams

New born democrats buried without traces of memory under the hot hard

   granite of politics

Souls drooping in misery

When will sunlight cast blessings to these cemeteries?

Green lives decomposing in concrete corridors of

history

The feet of history dragged in this grief laden earth.

LEERER TRAUM

Bring mir die Unterwäsche des Staats und die Westen des

Parlaments

Ich sehe Regen von Haß hämmern auf Jubas Gesicht

Sozialisten und Hetzer, die menschliche Köstlichkeiten frühstücken

Politische Trunkenbolde, die schwache Wähler vollquatschen in Nachtmahre

und leere Träume

Neugeborene Demokraten, begraben ohne Spur von Erinnerung unter dem

heißen harten Granit der Politik

Seelen, die den Kopf hängen lassen im Elend

Wann wird das Sonnenlicht Segungen werfen auf diese Friedhöfe? Grüne Leben,

die sich zersetzen in Betonkorridoren der Geschichte

Die Füße der Geschichte sind geschleift über diese kummerbeladene Erde.

VIVA REVOLUTION (for Guyana and Tobago)

Slavery blew off candles of generations

Children molded by the clay of revolutions after revolutions

Children of Guyana and Tobago

Voices of reason drowned in clay of chocolates and rivers of Pepsi Cola

Green back and condom generations with revolution sodden wounds and deep

    scars embedded in their pigment

And their bleached tongues

Children whose sweat washes the linen of Oxford and tears rinse dishes of

    Harvard

Generations of unending revolution, polishing emerald for Gucci

And diamonds for Rivera

Generations breakfasting sausages made from their children bones

Children of revolution: I rise my pen, your sun will raise

Its rich yellowness will frown into the face of the west erasing the darkness of

the stink sweating filled nights

VIVA REVOLUTION (für Guyana und Tobago)

Sklaverei blies Kerzen von Generationen aus

Kinder, geformt vom Lehm von Revolutionen nach Revolutionen

Kinder von Guyana und Tobago

Stimmen der Vernunft ertrunken im Lehm von Schokoladen und Flüssen von

    Pepsi Cola

Dollar- und Kondomgenerationen mit revolutionsdurchnässten Wunden und

    tiefen Narben eingebettet in ihre Haut

Und ihre gebleichten Zungen

Kinder, deren Schweiß das Leinen von Oxford wäscht und Tränen spülen das

    Geschirr von Harvard

Generationen endloser Revolution, sie polieren Smaragd für Gucci

Und Diamanten für Rivera

Generationen frühstücken Würste aus ihren Kinderknochen

Kinder der Revolution: Ich erheb meine Feder, deine Sonne wird aufrichten

Ihr reiches Gelb wird die Stirn runzeln, dem Westen ins Gesicht, und die

Dunkelheit des Gestank vom Schwitzen erfüllter Nächte auslöschen

DEAR RAINBOW

I see dreams that died in Chimoio, the scent of Samora smell the nostrils of Juju

To sing songs of freedom,

Freedom, freedom

Sobukwe and Biko shadows dancing mbaqanga in this xenophobia roasted earth,

Earth bruised with bruises mangaung and deep seated scars Polokwane

I see black arses and bellies rotting with cholera, babies piled like garbage in

    rats' colonized ghettos

Babies of squandered fortune erased by rainbow talk

Sing Biko, sing Madiba, sing Sobukwe, sing Sisulu, sing Juju

Sing, legacy of centuries

LIEBER REGENBOGEN

Ich sehe Träume, die in Chimoio gestorben sind, Duft von Samora der die

    Nasenlöcher von Juju riecht

Um Freiheitslieder zu singen,

Freiheit, Freiheit

Sobukwe- und Biko-Schatten tanzen Mbaqanga in dieser xenophobiegerösteten

    Erde,

Erde verletzt von Prellungen Mangaung und tiefsitzenden Narben Polokwane

Ich sehe schwarze Ärsche und Bäuche verrotten von Cholera, Babys

    aufgestapelt wie Müll in rattenkolonisierten Ghettos

Babys aus verschwendetem Vermögen, ausgelöscht durch Regenbogengerede

Sing Biko, sing Madiba, sing Sobukwe, sing Sisulu, sing Juju

Sing, Vermächtnis von Jahrhunderten

ETHIOPIA

See talking slums

silenced tongues

freedom silenced

hope killed   a bling

of ghettos

collapsed humanity

Mothers weeping,   under the

compression of religion   trees

dripping tears

Ethiopia your festering open wounds   you

are my anger!

children burn in smoldering canisters of hunger   time

opened new wounds of memories of old scars

chained on rocks of ignorance   you need a compass

of decency

My poetry is a catalyst fermenting your injustices

into beverages of justice   you are my sadness!

Your heartbeat bleached in political fermentation

rhythm galvanized in furnaces of cultural myth   laughter

imbibed by the rude stomach of the gun   culture

crushing under the weight of globalization

ÄTHIOPIEN

Sieh die sprechenden Slums

zum Schweigen gebrachten Zungen

Freiheit zum Schweigen gebracht

Hoffnung getötet   ein Glitzerkranz

von Ghettos

eingestürzte Menschlichkeit

Mütter weinen, unter dem

Druck der Religion   Bäume

lassen Tränen fallen

Äthiopien deine eiternden offenen Wunden

sind mein Ärgernis!

Kinder brennen in schwelenden Kanistern des Hungers

Die Zeit

öffnet neue Wunden der Erinn'rung an alte Narben

Gekettet an Felsen der Ignoranz   brauchst du

einen Kompass

der Anständigkeit

Meine Dichtung ist ein Katalysator sie fermentiert deine

Ungerechtigkeiten

zu Getränken der Gerechtigkeit   du bist meine Trauer!

Dein Herzschlag bleichte in politischer Fermentierung

Rhythmus ist elektrisiert in Schmelzöfen kultureller Mythen

Lachen

gebechert vom groben Magen des Gewehrs   Kultur

zerquetscht unter dem Gewicht der Globalisierung

GADAFFI

I see America dancing in oil sodden nights, nostrils stinking the scent of death

Your ghost exorcising demons of colonialist clout, walking along banks of the

    lost river

River that lost its freedom

Your shadow suffocating under the smell of exile and scent of slums

Gaddafi, propaganda is fart, fart deodorizing the winds of the villages

I have a burning passion to bring back the dimples and wrinkles of this country.

GADDAFI

Ich seh Amerika tanzen in öltriefenden Nächten, Nasenlöcher verströmen den

    Duft des Tods

Dein Geist treibt Dämonen kolonialistischer Macht aus, schreitet an Ufern des

    verlorenen Flusses entlang

Fluß der seine Freiheit verlor

Dein Schatten erstickt unterm Geruch des Exils und dem Duft der Slums

Gaddafi, Propaganda ist ein Furz, Furz der die Winde der Dörfer deodorisiert

Ich spür eine brennende Leidenschaft, die Grübchen und Falten dieses Landes

    zurückzubringen.

MATTERS OF CONSCIENCE

Gulf of inspiration

oils the spin weave of my mind

Rhythm and imagery my constitution

Meditation my second bible after proverbs

Iam apostoled by heart pounding drumbeat ritual of metaphors pandamu!

pangu ! panda ! pako !panda ! pandamu! pa!

sanctified by breath choking incense of satire

[wordsmith chiseling thesaurus rocks for jargon,

poet planting saliva in wombs of readers digest to reap diction]

Political suspense

nutrition to my poetic conscience

Social drama

fodder to my mental digestion

War

rabies that poisoned the tongue of Pakistan.

Diseased the saliva of Afghanistan

Corruption.

Polio, paralyzing penury burnt fingers of matopos

and inflation butchered thighs of Zambezi

Poverty.

Scabies eating away bare brown. Winter ravaged buttocks of Darfur shrinking

hunger sucked mango like breasts of tutsiville

Religion

measles blighting arteries of Vatican. Bleeding yellow gums

of Mecca. Shriveling hoarse breath of Jerusalem

GEWISSENSFRAGE

Golf der Inspiration

ölt das Spinngeweb meines Geistes

Rhythmus und Bilder meine Verfassung

Meditation meine zweite Bibel nach Sprichwörtern

Ich bin apostoliert vom Herzpochen-Trommelschlag

Ritual der Metaphern pandamu!

pangu ! panda! pako! panda ! panda! pandamu!

geheiligt durch den Atem nehmenden Weihrauch der Satire

[Wortschmied, der Thesaurusfelsen für Jargon meißelt,

Dichter der Speichel pflanzt in die Leiber von Lesern

Verdaue um Diktion zu ernten]

Politische Spannung

Nahrung für mein poetisches Gewissen

Soziales Drama

Futter für meine geistige Verdauung

Krieg

Tollwut, die die Zunge Pakistans vergiftete.

den Speichel Afghanistan krank gemacht hat

Korruption.

Kinderlähmung, lähmender Mangel, verbrannte Finger von Matopos

und inflationsverwundete Schenkel des Sambesi

Armut.

Krätze die nacktes Braun wegfrißt. Winterverwüstete Gesäßbacken von Darfur schrumpfender Hunger saugte Mango wie Brüste von Tutsiville

Religion

Masern die Arterien verderben des Vatikans. Gelbes Zahnfleisch bluten lassen,

von Mekka. Schrumpfender heiserer Atem von Jerusalem

MY COUNTRY

I deepen the tongue of my ink in the rich pot of

praise and protest blisters of praise, scars of

patriotism the war i fought without guns my

laughter's stitched with worry and fondness

smiles of east laden with grief

my country my heartburn for freedom is

burning me roasted nuts of justice bleed

no peanut

remind me   that wind choked tune of mountains,

I will sing with you

i have a dream to ride this mountain on its back

and drink in the ritual of the mist my country

MEIN LAND

Ich tauche die Zunge meiner Tinte in den reichen Topf des

Lobs und protestiere gegen Blasen von Lob, Narben des

Patriotismus, den Krieg, den ich ohne Waffen geführt   meines

Lachens, genäht mit Sorge und warmem Gefühl

Lächeln des Ostens beschwert von Kummer

Mein Land   mein Herzbrennen für Freiheit

verbrennt mich, geröstete Nüsse der Gerechtigkeit bluten

keine Erdnuss

erinnern mich an die vom Wind erstickte Melodie der Berge,

ich werde singen mit dir

Ich habe einen Traum, diesen Berg auf seinem Rücken zu reiten

und zu trinken im Ritual des Nebels   mein Land

LETTER FROM THE PROPAGANDA SCHOOL

Sister.....

See the ballot dust bins seething with propaganda condoms, political abortions,

Freedom stillborn!

Violence is a see through pit coat that uncovers city buttocks marked with

   political boils

Bring me beer bottles frothing with sanctions venom and slogan vitriol

Cigar butts dripped by tears flowing from hardy sandy faces of street vendors,

Blood gushing from rough clay palms of peasants Empty

promises and concrete bread from executive offices

Sister.....

Propaganda is the voter's appetizing pill before the ballot dinner

Bring slogan gloves to condomise against imperialistic gonorrhea

Marxist encyclopedia. Potassium to my intellectual blood

Leninist Wikipedia .Calcium to mental bones

Bring! Robin Island marinated Mandela profile. Crude oil soaked Kaddafi

resume.

Communist bleached Castro biography

Sister....

Election is the deodorant defining the beauty of democracy

Perfume suppressing the rot of autocracy

Constitution is the detergent washing away sweat stains from the ballot box

Referendum is the aftershave powder drying pimples of injustice

BRIEF AUS DER PROPAGANDA-SCHULE

Schwester.....

Sieh die Wahlschein-Mülleimer, wimmelnd von Propagandakondomen,

    politischen Abtreibungen,

Freiheit die totgeboren!

Gewalt ist ein durchsichtiger Unterrock, der Stadthintern enthüllt, bedeckt von

    politischen Beulen

Bringt mir Bierflaschen, die schäumen vom Gift der Sanktionen und Slogan-

    Vitriol

Zigarrenstummel, triefend von Tränen, die rinnen von harten, sandigen

    Gesichtern der Straßenverkäufer,

Blut sprudelt aus rauen Lehmhandflächen von Bauern Leere Versprechungen

    und Beton-Brot aus Direktorenbüros

Schwester.....

Propaganda ist der Wähler appetitanregende Pille vor dem Wahlschein-

Dinner

Bring Slogan-Handschuhe mit, um dich kondommäßig zu schützen gegen

imperialistischen Tripper

Marxistische Enzyklopädie. Kalium für mein intellektuelles Blut

Leninistische Wikipedia. Calcium für geistige Knochen

Bring! Robin Island mariniertes Mandela-Profil. Rohölgetränkten Gaddafi-

Lebenslauf. Kommunistisch gebleichte Castro-Biographie

Schwester....

Wahlen sind das Deodorant, das die Schönheit der Demokratie definiert

Parfüm, das die Fäulnis der Autokratie unterdrückt

Verfassung ist das Waschmittel, das Schweißflecken aus der Wahlurne weg

wäscht

Referendum ist das Aftershave-Pulver, das Pickel der Ungerechtigkeit trocknet

DECADE OF BULLETS

Ouagadougou, Ouagadougou, Ouagadougou

See a procession of young mothers chattering their way

From water fountains in grenade torn sandals and blood laced bras

Somalia, Somalia, Somalia

See the moon disappearing in a mass of gun smoke

Guns splitting the stars from the skin of night

Rwanda, Rwanda, Rwanda

This is a wound from which the pus of grief flows freely

Meandering through rock masses into the valley that lost its freedom

Timbuktu, Timbuktu, Timbuktu

I hear a rush of footsteps of sorrow

Rugged peasants carrying their compounds to far away valleys of flowers

JAHRZEHNT DER KUGELN

Ouagadougou, Ouagadougou, Ouagadougou

Sieh die Prozession junger Mütter, die am Quatschen sind, den ganzen Weg

Von den Wasserquellen, in von Granaten zerrissnen Sandalen

Und Büstenhaltern mit blutigen Spitzen

Somalia, Somalia, Somalia

Sieh den Mond verschwinden in einer Masse von Geschützrauch

Geschütze trennen die Sterne ab, von der Haut der Nacht

Ruanda, Ruanda, Ruanda

Dies ist eine Wunde aus der der Eiter des Kummers ungehemmt rinnt

Er mäandert durch die Felsmassen in das Tal, das seine Freiheit verlor

Timbuktu, Timbuktu, Timbuktu

Ich hör ein schnelles Nahen von Schritten der Trauer

Robuste Bauern tragen ihre Habe in ferne Blumentäler

LETTER TO AMERIKA

Beloved Amerika

I dreamt Sadamu and Gaddafi chasing after America through

Oil sodden sand dunes

Ghosts of dethroned spirits crossing Blue Nile through the valleys of Sahara

Ghosts with fingers and barefoot burning, crackling in the pans of their Sahara

    oil

Ghosts whose blood juice up the freedom of their people, people of their song

Ghosts whose ritual is NATO and obituary is gun thunder

Dear Amerika

I dreamt Afrika shitting typhoid after eating autocracy chocolate coated

    democracy

Anthropology and ancientry roasted and recycled in ovens of Harvard and

    California

Professors and politicians juggled like lottery balls

My talent riddled fingers itch to write a long letter to AmeriKa

About war cooked in labs and ideologies hatched in test tubes for peanut states

    to eat and sing-mental genocide

Beloved Amerika. Ebola ghosts eating tubes, ARVs and GMOs

Mental genocide of Kongo and other cassava republics

Cable and fox networks roasting struggles through stomachs of young

    revolutions

My nostrils are tired of the stench, stench of human flesh fried in the charcoal

    of superpower ego

Dear America, my eyes are red itching with political pepper in Panama and Haiti,

    my heart, sing for their freedom

BRIEF AN AMERIKA

Geliebtes Amerika

Ich träumte, dass Sadamu und Gaddafi hinter Amerika herjagen, durch

ölgetränkte Sanddünen

Gespenster entthronter Geister, die den Blauen Nil queren, durch die Täler

der Sahara

Gespenster mit Fingern und barfuß, die brennen, die knistern in den Pfannen

ihres Sahara-Öls

Gespenster, deren Blut die Freiheit ihres Volkes sättigt, Menschen ihres Liedes

Gespenster, deren Ritual die NATO und deren Nachruf Waffendonner ist

Liebes America

Ich träumte davon, dass Afrika Typhus scheißt, nachdem es mit Autokratie-

Schokolade überzogene Demokratie aß

Anthropologie und Antike, geröstet und recycelt in Öfen von Harvard und

Kalifornien

Professoren und Politiker, jongliert wie Lotteriekugeln

Meine talentdurchschossenen Finger zwicken mich, einen langen Brief an

Amerika zu schreiben

Über Krieg, gekocht in Laboren, und Ideologien, ausgebrütet in Reagenzgläsern

für Erdnussstaaten, um's zu essen und mentalen Völkermord zu singen

Geliebtes Amerika. Ebola-Gespenster essen Teströhrchen, ARVs und GMOs

Mentaler Völkermord am Kongo und anderen Maniok-Republiken

Kabel- und Fuchs Senderketten braten Kämpfe durch Mägen von jungen

Revolutionen

Meine Nase hat den Gestank satt, den Gestank von menschlichem Fleisch, das

in der Holzkohle des Supermacht-Egos gebraten wird

Liebes Amerika, meine Augen sind gerötet, jucken von politischem Pfeffer in

Panama und Haiti, mein Herz   singe für ihre Freiheit

BAMAKO

We walked through the smoke of Mali

Dead gods and goddesses singing dead poetry

Vultures feeding on abandoned anthropology

Bamako!

I see children born of heavy nights in the depth of violent dreams. Your

    face wounded by pain and endurance

Bamako. I will bring a landmine filled with

metaphors, To stop the day of the junta smashing

dimples of freedom

Bamako!

I will walk with you through the heavy dew to the valley of dawn

BAMAKO

Wir gingen durch den Rauch von Mali

Tote Götter und Göttinnen, die tote Gedichte singen

Geier, die sich von aufgegebener Anthropologie ernähren

Bamako!

Ich sehe Kinder, geboren von schweren Nächten in der Tiefe gewaltsamer

    Träume.

Dein Gesicht verwundet von Schmerz und Erleiden

Bamako. Ich werd eine Landmine bringen gefüllt mit Metaphern Um den Tag der

Junta anzuhalten, die Grübchen der Freiheit zertrümmert

Bamako!

Ich werde mit dir gehen durch den schweren Tau zum Tal der

    Morgendämmerung

SAD REVOLUTIONARY LULLABIES

……..Sing songs of Afghan circumcised,

Damascus masturbating bullets

Sing *Belafonte* Sing!

Of revolutions that never crawled, sing!

Lumumba, see whiz kids castrating political gods

Nkurumah, see them mutilating revolutionary goddesses

Sing *Kunta;* Sing *Kinte*

I am tired of revolutions importing colonial mood,

Propaganda decayed pimps frying anthems like *frikadels* Tired

savages roasting constitutions in corruption oil pans

Sing songs of freedoms that never walked, Sing!

TRAURIGE REVOLUTIONÄRE SCHLAFLIEDER

.........Sing Lieder von afghanischen Beschnittenen,

Damaskus masturbiert Kugeln

Sing Belafonte Sing!

Von Revolutionen, die nie krochen, sing!

Lumumba, sieh Wunderkinder, die politische Götter kastrieren

Nkurumah, sieh zu, wie sie revolutionäre Göttinnen verstümmeln

Sing Kunta; sing Kinte

Ich bin der Revolutionen müde, die koloniale Stimmung importieren,

Durch Propaganda heruntergekommene Zuhälter, die Hymnen wie Frikadellen

    braten, Müde Wilde, die Konstitutionen in Korruptions-Ölpfannen rösten

Sing Lieder von Freiheiten, die nie liefen, Sing!

SORROWS

Drums blowing sorrows of our past

      Beating the rhythm of our present sorrows

Sorrows dangling in canopies of savanna

Sorrows eating garlic and ARV for supper

      Sorrows doped with wiki leaks and cheap slogan

      Sorrows burning in the dead of the village smoke

Sorrows strapped in the backs of burden

SORGEN

Trommeln wehen Sorgen unsrer Vergangenhei

    Schlagen den Rhythmus unsrer jetzigen Sorgen

Sorgen baumeln in Blätterdächern der Savanne

Sorgen essen des Abends Knoblauch und ARV

    Sorgen sind gedopt von Wiki-Leaks und billigem Slogan

    Sorgen brennen im Toten des Rauchs des Dorfs

Sorgen sind geschnallt auf die bebürdeten Rücken

NAKED VILLAGES

In these lost villages

      Folksongs   are baked into brown burnt *slang*

      Gossiping hyenas splitting villages apart.

In these naked villages

      Vultures eat our spoken word and verse.

      Eagles breakfast the diet of our culture.

NACKTE DÖRFER

In diesen verlorenen Dörfern

    werden Volkslieder gebacken zu braungebranntem Slang

    Quatschende Hyänen spalten Dörfer entzwei.

In diesen nackten Dörfern

    fressen Geier unser gesprochenes Wort und unsere Verse.

    Adler verfrühstücken die Nahrung unsrer Kultur.

LOST CITIES

In the acoustics of the revolution Hit songs of true

and false comrades

Demons and crocodiles climb up political ladders.

  Media gossip down pours, propaganda and myth worship.

Ballot fart and ideological fornication exalted

Political slogan decaying them to toothlessness.

Globalisation making their sick blood pigment. Ignorance served

in pubs, churches and cinemas

Ribs cracked by gonorrhea humor

VERLORENE STÄDTE

In der Akustik der Revolution: Hit Songs von wahren und falschen

    Genossen

Dämonen und Krokodile erklettern politische Leitern.

Mediengeschwätz ergießt sich, Propaganda und Mythenverehrung.

Wahlfurz und ideologische Unzucht verherrlicht

Politischer Slogan läßt sie verkommen zur Zahnlosigkeit.

Die Globalisierung bildet ihr krankes Blutpigment. Ignoranz wird serviert

    in Kneipen, Kirchen und Kinos

Rippen sind angeknackt vom Tripper-Humor

DAWN OF SUNSET

Islamophobia and *Christianophobia* drank the york of our time Socialism,

liberalism and regionalism many other *isms* made rags of us. Slaves to

bitterness from imported political and religion attitudes.

The sleep laden minds of Zambezi lost in the thicket of ballot arithmetic.

Minds swollen by songs whose tunes crevice granite boulders of unending

    chumurenga.

ANBRUCH DES SONNENUNTERGANGS

Islamophobie und Christianophobie tranken das Eigelb unserer Zeit

Sozialismus,

Liberalismus und Regionalismus viele andere Ismen machten uns zu

Lumpen. Sklaven

von Bitterkeit aus importierten politischen und religiösen Einstellungen.

Die schlafbeladenen Köpfe des Sambesi verloren sich im Dickicht der

Wahlarithmetik.

Gehirne sind angeschwollen von Liedern, deren Melodien Granitfelsen

aus endlosem Chumurenga zerspalten.

RHETORICS

Mandela, the summer sun that rose through rubbles of our winter

Gaddafi and Sadamu making *shadufs* and pyramids

.......another spring

Obama and Osama pulling rich political carrot in *Segorong*

Robin Island slept golden nightmares and charcoal dreams,

Soweto virgins cracking their under feet in the long walk to

freedom

Faces carrying the burden of freedom and anthems.

RHETORIK

Mandela, die Sommersonne, die durch die Trümmer unseres Winters aufstieg

Gaddafi und Sadamu bauen Schadufs und Pyramiden

.......ein anderer Frühling

Obama und Osama ziehen ne reiche politische Karotte in Segorong

Robin Island schlief goldene Albträume und Holzkohlenträume,

Soweto-Jungfrauen zerbrechen ihre Unter-Füße auf dem langen Weg in die

Freiheit

Gesichter tragen die Last der Freiheit und Hymnen.

SANKARA

..................dream of our freedom

See Africa bleeding, burning, ----------

Freedom of states heaving under the rhythm of rubbles, slander and blunder

Revolutions dripping poetry and pop of poor masses,

Lunatics trading the countries with bread

Boozing the dew of freedom and the golden blood of mothers

Sankara, cocks crowing the dawns choked with evil generations, picking

    corroded histories

Peasants planting burden, others strapping deformed dreams in theirs backs

Sankara!

SANKARA

.................träum von unserer Freiheit

Siehe Afrika bluten, brennen, ----------

Die Freiheit von Staaten, sie schwankt im Rhythmus von Trümmern,

    Verleumdung und Fehlern

Revolutionen, sie triefen von Poesie und dem Pop armer Massen,

Wahnsinnige, sie verhökern Länder für Brot

Saufen den Tau der Freiheit und das goldene Blut von Müttern

Sankara, Hähne, die Morgendämmerungen herbeikrähn, sind von bösen

    Generationen erstickt, sie picken korrodierte Erzählungen der Geschichte

Bauern pflanzen Lasten, andere schnallen sich deformierte Träume auf ihre

    Rücken

Sankara!

SALIVA OF MY PEN

Saliva of my pen glow with rich metaphor of Africa farting political puzzles

My pen farts the burden of black Africa and unpleasant smell of

    burning *Somalia*

Vomiting penicillin for political hepatitis in *Darfur* and of social syphilis

    in *Bokungu*

Fart of pen carry sorrows of our past and tears of our weary tired present.

SPEICHEL MEINES STIFTS

Speichel meiner Feder Leuchten mit reicher Metapher von Afrika, furzt

politische Rätsel

Mein Stift furzt die Bürde Schwarzafrikas und den unangenehmen Geruch des

brennenden Somalia

Erbricht Penicillin für politische Hepatitis in Darfur und sozialer Syphilis in

Bokungu

Der Furz der Feder führt mit sich Kummer der Vergangenheit und Tränen

unserer matten, müden Gegenwart.

CHILDREN OF SANKARA!

Children of Sankara! Bathing in the river of salt, poetry and song

Beautiful children of a fat revolution, revolution that roasted colonial fungi in

    the summer song

Shadows of Sankara and Lumumba sharing rich patriotic coconut in fields *of*

    Upper Volta

See, Juju borrowing your salt to cook the beetroot of another struggle,

    Gambia singing your song.

Abacha, walking naked drunk with booze and blood

Sarowiwa dancing with virgins in the Eden of Biafra

Son of *Uhuru* hunting wisdom in the deepest of Timbuktu caves

Childen of Sankara,

I dreamt of fire burning the social fingers of the state,

Sing songs of the country to repent puppies and puppets.

KINDER VON SANKARA!

Kinder Sankaras! Baden im Fluss aus Salz, Poesie und Gesang

Schöne Kinder einer fetten Revolution, Revolution, die kolonialistische Pilze

röstete in dem Sommerlied

Schatten von Sankara und Lumumba teilen sich reiche patriotische Kokosnüsse

in Feldern von Obervolta

Sieh nur, Juju, er borgt sich dein Salz, um die Rote Bete eines anderen Kampfes

zu kochen, Gambia singt dein Lied.

Abacha läuft nackt rum, betrunken von Schnaps und Blut

Sarowiwa tanzt mit Jungfraun in Biafras Eden

Der Sohn von Uhuru jagt nach Weisheit in den tiefsten Höhlen Timbuktus

Kinder Sankaras,

ich träumte von Feuer, das die sozialen Finger des Staates verbrennt,

Singe Lieder des Landes, um zu büßen für junge Hunde und politische

Marionetten.

MAPUNGUBWE

Land of baobab, land of eagles

Mapungubwe, sagging with ambition of Nujoma, Madikizela and Sobukwe

Land of crocodiles and spiritual eagles - *Mapungubwe*

Rivers groaning with sweet tongues and sacred laughters

Mapungubwe - dream of stones

Bones and spirits quietly sleeping under the burden of peaceful rocks

Your songs, *Mapungubwe* - rhythm to bones of dead heroes and sleeping

heroines

Mapungubwe, crying tears of laughter, struggle and freedom ,

Mapungubwe!

MAPUNGUBWE

Land des Affenbrotbaums, Land der Adler

Mapungubwe, das durchhängt, ergriffen vom Ehrgeiz von Nujoma, Madikizela

und Sobukwe

Land der Krokodile und geistigen Adler – *Mapungubwe*

Flüsse, sie stöhnen mit süßen Zungen und heiligem Lachen

Mapungubwe – träum von Steinen...

Knochen und Geister schlafen ruhig unter der Last von friedlichen Felsen

Deine Lieder, *Mapungubwe*, Rhythmus, gerichtet an Knochen von toten Helden

und schlafenden Heldinnen

Mapungubwe, sie weinen Tränen des Lachens, des Kampfs und der Freiheit,

Mapungubwe!

REVOLUTIONARIES

In this valley of exiled revolutionaries,

Hungry masses feed on party slogans.

Sucklings partake of dry nipples, faking satisfaction.

Violence peels the epidermis of the nation.

Pimps burn our flag, shrines and discord our anthem.

Paupers are revered by bloggers and twitters

Weevil-ridden parliament , propaganda cocaine legalised.

REVOLUTIONÄRE

In diesem Tal der verbannten Revolutionäre

ernähren sich hungrige Massen von Parteiparolen.

Säuglingen werden ausgetrocknete Brüste zuteil & sie täuschen Befriedigung vor.

Gewalt schält die Epidermis der Nation.

Zuhälter verbrennen unsere Flagge, unsere Schreine und verzerrn den Klang

    unsrer Hymne.

Pauperisierte werden von Bloggern und Twitterern verehrt

Das von Rüsselkäfern verseuchte Parlament und Propaganda-Kokain sind

    legalisiert.

ASIJIKI!

......seized by alcoholics, sizzled with imperial *mojo,* states reduced

into brothels

My poetry will slice through heaps of autocratic rubbish

Rhythm and assonance caressing bullet scarred faces of villages.

Hyperbole and alliteration undressing bible thumping religious demagogy.

Metaphors and rhymes piercing through the skulls of organic intellectuals.

Asijiki!

ASIJIKI

....gekapert von Alkoholikern, gebraten mit imperialem Mojo, Staaten reduziert

zu Bordellen

Meine Poesie wird sich durch Haufen autokratischen Mülls hindurch schneiden,

Ihr Rhythmus ihr Klang das von Kugeln gezeichnete Antlitz von Dörfern

streicheln.

Ihre Übertreibungen und Alliterationen entkleiden die auf die Bibel klopfende

religiöse Demagogie.

Ihre Metaphern und Reime durchdringen die Schädel organischer

Intellektueller.

Asijiki!

SUNSET ACOUSTICS

Sing *Bamako*, sing of spiders blighting freedom tomatoes

Sing of our pimped heritage

Somalia, the dramatic irony of Africa

Ethiopia, bring back the oil of our anthems and the clay of our identity

Ivory coast, your hands are hardened by hard years of madness

Cockroaches are walking over sleeping *Zambezi*

Gugulethu, tired of scathy tongues and maruajuana

Egypt, bulletins drenched by Arab spring urine

Abuja, how long are you going to walk in shadows?

SONNENUNTERGANGSAKUSTIK

Sing von *Bamako*, sing von Spinnen, die Freiheitstomaten verderben

Sing von unserem verzuhälterten Erbe

Somalia, dramatische Ironie von Afrika

Äthiopien, bring das Öl unserer Hymnen und den Ton unserer Identität uns

    zurück

Elfenbeinküste, deine Hände sind durch harte Jahre des Wahnsinns gehärtet

Kakerlaken laufen über den schlafenden Sambesi

Gugulethu, müde von beißenden Zungen und von Marijuana

Ägypten, Bulletins durchnässt von arabischem Frühlingsurin

Abuja, wie lange wirst du noch wandeln im Schatten?

NACHWORT

Der in Zimbabwe geborene "spoken words poet" Mbizo Chirasha betitelte diese Auswahl engagierter Gedichte ursprünglich „Diktators Doeks"*und bezeichnete sie als „eine hybride Mischung von widerstandsfermentierter Protestdichtung und globaler Kunst, die sich einsetzt für Menschenrechte" („a hybrid mix of resistance-fermented protest poetry" & „Global arts for human rights"). Die Texte erscheinen als spontan, improvisiert, eruptiv; ihr Rhythmus ist einzigartig; die Bilder und Metaphern voller Bezüge zu neueren und neuesten Geschichte Afrikas, aber auch zu jener viel älteren Geschichte, die in den oralen Narrativen der „einfachen Leute", der Bauern, der Bergarbeiter, und der anderen Werktätigen in den formal strukturierten und den informellen Sektoren seines Landes aufscheint. Es ist eine imaginationsgetriebene, reiche, stets neue Möglichkeiten ausprobierende Sprache, emotional und zugleich auf eine unverkennbar dem Dichter ganz eigene, unprätentiöse Weise intellektuell. Unübersehbar ist auch, dass dieser Dichter, der zu den Zuhörenden – und den Lesern seiner Bücher – spricht in seinem in vieler Hinsicht der Bevölkerung seines Landes ganz, ganz oft aufs Maul schauenden Englisch – einer „von unten" ist: einer, der nicht auf eine der Universitäten seines Landes ging, einer, der nicht in Cape Town (Südafrika) oder im britischen Oxford studierte und dort akkulturiert, also der Kultur der Kolonisateure – subtil oder nicht - unterworfen wurde.

Mbizo Chirasha weiß um die Nachteile, die es mit sich bringt, wenn man nicht zu einer auch im eigenen Mutterland anerkannten und bewunderten, an Universitäten ausgebildeten, mühelos britisches Englisch sprechenden und schreibenden „gebildeten Schicht" , einer auch im Ausland oft hofierten bürgerlichen „intellektuellen Elite" gehört. Seine Universität war und ist das Leben – seins und das der vermeintlich „einfachen" Leute, zu denen er sich zählt, die er mit Zuneigung und doch auch kritisch sieht, die er wachrütteln möchte, so wie es auch einige seiner Dichterfreunde und Kollegen versuchen.

Um die Werbewirksamkeit von Selbstbeschreibungen wissend, auf die nicht verzichten kann, wer von ausländischen Verlegern gedruckt werden möchte, bezeichnet sich Mbizo Chirasha als „free speech fellow", verweist darauf, dass er mehrfach im afrikanischen Ausland „poet in residence" war, und sieht sich auch als „Literary Arts Activism"-Diplomat, Botschafter quasi, der Unteren seines Landes, für die er mit seinem als literarische Kunst begriffenen Aktivismus eintritt.

Mbizo Chirasha ist einer der entscheidenen Mitbegründer der zimbabwischen Gruppe „Zimbabwean Poets for Human Rights". Nach seinem letzten Auftritt auf dem Harare Lit Fest, an dem er über mehrere Jahre hinweg teilnahm, und nach einem anderen, ihn in die Schlagzeilen bringenden Auftritt auf einer stark besuchten literarischen Veranstaltung unter freiem Himmel in Harare Ende 2016 kam Chirasha in das Fadenkreuz der staatlichen „Sicherheitsorgane", die – wie überall in der Welt – der Sicherung der herrschenden Machtverhältnisse dienen und die sich dabei als Faktor mindestens latenter Bedrohung und Unsicherheit all derer entpuppen, die solche Machtverhältnisse einer allzu offenen Kritik unterwerfen. Mbizo Chirasha floh Anfang 2017 nach Zambia, nachdem er Wochen der Bedrängung, Einschüchterung und physischer Attacken ausgehalten hatte, und dann an einem Abend auf einer der Straßen Harares zum anvisierten Opfer eines Entführungsversuch wurde, den einige geistesgegenwärtige und solidarische Passanten verhindern konnten, als Beamte in Zivil den Dichter in ein Auto, das ihm gefolgt war und das dann kurz anhielt, zerren wollten. Eine Praxis, die zum „Verschwinden lassen" gehört? Die Webseite von PEN America nennt Chirasha einen „verfolgten Dichter." Mbizo Chirasha weiß sehr wohl, dass das Spiel, das US-amerikanische Regierungen in Afrika spielen, nicht den Interessen afrikanischer Bevölkerungen dient, so wie auch das Spiel anderer weltpolitischer Akteure ihnen nicht dient, weil immer deren eigene, partikuläre Interessen im Vordergrund stehen. Chirasha möchte mit der Feststellung, dass er unzulängliche Verhältnisse „bei sich zuhause" kritisierte, dass er ein weiteres Opfer des staatlichen Repressionsapparats wurde und sich gezwungen sah, mehrere Jahre im Exil (hauptsächlich in Südafrika, aber z.B. auch in Kenia) zu leben, ausländischen Regierungen keinen Vorwand für offene und versteckte Interventionen und für Sanktionen liefern. Er haßt die westlichen Sanktionen, die Zimbabwe trafen und treffen. Sie schaden vor allem „der breiten Bevölkerung" – den „einfachen" Leuten, dem „povo" oder Volk, das an ihnen leidet, anders und schärfer als den Privilegierten, die das Erbe eines einst notwendigen Befreiungskampfs verwalten, der immer noch nicht ganz gewonnen ist.

--Lisa Lombardi

Anmerkung:

*Das Wort „doek" (duk ausgesprochen; Plural: doeks) ist ein Wort des südafrikanischen Englisch, es bezeichnet eine Art Kopftuch (headscarf), ähnlich jenem Tuch, das sich der junge Bob Dylan bei manchen Auftritten um den Kopf wickelte, was ihm ein verwegenes Aussehen gab. Hier wird „doek" zweifellos metaphorisch verwendet: die Gedichte sind oft bissige, satirische Texte, die anvisierten, diktatorisch regierenden afrikanischen Herrschern „um den Kopf gewickelt" werden, damit sie Kritik zur Kenntnis nehmen müssen. Doch auch das „povo", das „einfache" Volk, soll die mit diesem „Schmuck" von Mbizo Chirasha bedachten Regierungschefs neu und anders sehen.

ÜBER DEN AUTOR MBIZO CHIRASHA

Mbizo Chirasha ist ein Dichter der postkolonialen Ära. Geboren wurde er 1978, noch unter dem rassistischen Apartheid-Regime von Ian Smith. Aufgewachsen ist er in der Zeit des Kampfs für eine ersehnte Unabhängigkeit und Befreiung. Im Alter von sechs Jahren, kurz nach der Wahl des ersten Präsidenten des neuen Simbabwe, Robert Mugabe, wurde er Zeitzeuge der Konflikte zwischen zwei Befreiungsbewegungen, des regionalen, zum Aufstand führenden Protests gegen das korrekte Wahlergebnis und der anschließenden blutigen Repression in seiner Heimatregion, in Matabeleland.

Ich begegnete Mbizo Chirasha im Internet, dank LinkedIn. Dieser Zufall führte zu einer fruchtbaren Zusammenarbeit, der Arbeit an Heft # 7 (2016) der Zeitschrift Strassenstimmen / Street Voice / Voix dans les rues / Voces de la calle, mit Texten afrikanischer Autoren, im Original (Portugiesisch, Französisch, oder Englisch) und mit deutscher Übersetzung.

Anfang 2017 sah sich Mbizo Chirasha gezwungen, sein Land zu verlassen und lebte mehrere Jahre im Exil.

Der Gedichtband Uhuru: Gedichte / Poems aus dem südlichen Afrika ist die notwendige Fortsetzung unserer Zusammenarbeit und ein Zeichen der Anerkennung der außerordentlichen Qualität seiner Texte.

--Andreas Weiland

Bücher von Mbizo Chirasha

Gedichtbände:

Mbizo Chirasha and Sweta Srivastava Vikram, Whispering Voices of Ganges & Zambezi. o.O:.Cyberwit, 2010; Paperback, 38 S.; ISBN 978-8182531765

Mbizo Chirasha, A Letter to the President: Poems, Edited by Jabulani Mzinyathi. Cover art by Tendai Mwanaka.
Chitungwiza, Zimbabwe: Mwanaka Media anf Publishing Pvt. Ltd. 2019; 54 S.; ISBN 978-0797495494

Mbizo Chirasha and James Coburn. Metaphors of the Rainbow: Poetry. Footprints Publishing House, 2020; Paperback, 105 S.

Prosa:

Mbizo Chirasha, Pilgrims of Zame: A Collection of Hybrid Narratives. Footprints Publishing House, 2021, 141 S.

Anthologien:

Mbizo Chirasha and David C. Swanson (Hrsg,), Second Name of Earth is Peace. o.O. : World Beyond War Organization, 2020: 248 S., ISBN 978-1734783735

Mbizo Chirasha und Nsah Mals (Hrsg.), Corpses of Unity: An Anthology of Poems = Cadavres de l'unité: une anthologie de poemes. Edited by Nsah Mala & Mbizo Chirasha. Nairobi, Kenya: Vita Books. 2020

Mbizo Chirasha (Hrsg.), Disgrace-Land: The Zimbabwe We Want Poetry E-Anthology. Footprints Publishing House, 2021

Mbizo Chirasha (Hrsg.), Voices of Africa. A Call for Freedom: A Pan-African International Human Rights Art Festival Anthology. o.O.: A Publication of the International Human Rights Art Festival (IHRAF), African Secretariat, 2022; 208 S., ISBN 979-8847418072

ÜBER DIESES BUCH

„Ein wahrhaft faszinierendes Buch. – Mbizo Chirasha enthüllt eine afrikanische Realität, die wenigen von uns bewußt ist..."

--Karen Wittstock, Deutsch-Amerikanische Literaturkritikerin in New York

„Mbizo Chirasha gestattet uns auf poetische Weise tiefe Einblicke in eine schmerzlich-schöne Welt der Mythen, Erzählungen und des Widerspruchs von Befreiungstraum und postkolonialistischer Realität."

--Lisa Lombardi, Film- und Literaturexpertin

"Mbizo Chirashas Gedichte sind außergewöhnlich erhellend. Es ist höchste Zeit, daß Nordafrika vom südlichen Afrika lernt. Auch im Okzident kann das Buch, das ein Plädoyer für Wandel und einen Aufbruch enthält, vielversprechende Anregungen geben."

-- Magdi Youssef, Prof. für Komparatistik, Herausgeber und Mitautor von The Contemporary Arab Contribution to World Culture und Autor von Decolonizing World Literature

STONYBROOK EDITIONS, New York (USA) and Steinbeck (Germany) is an imprint of Neue Horizonte Verlag.

new.horizon.press@gmail.com